JOHN R. TORRANCE

TECHNIQUES ÉPROUVÉES DE LECTURE RAPIDE

**LISEZ
PLUS DE
300
PAGES
EN 1 HEURE**

inclut
des exercices
d'apprentissage
avancés

Un guide pour débutants sur comment lire plus vite tout en comprenant

Table des matières

INTRODUCTION

Combien de fois vous arrive-t-il de parcourir votre fil d'actualité, que ce soit sur Facebook ou sur une autre application d'information, et de voir un article que vous voulez lire, mais de vous dire que vous n'avez pas le temps ? Peut-être trouvez-vous que votre liste de lecture s'alourdit de livres que vous n'avez pas encore lus et que vous n'avez pas l'intention de lire de sitôt. Nous vivons dans un monde de plus en plus numérisé, où les informations pertinentes ou intéressantes affluent de partout à chaque seconde. Notre temps a plus de valeur que jamais. C'est pourquoi choisir comment l'utiliser devient une décision cruciale. Chacun gère son temps différemment. Certains placent la lecture liée au travail en tête de liste, tandis que d'autres choisissent la politique ou d'autres événements d'actualité. D'autres encore utilisent la lecture comme un moyen de ne penser à rien d'autre pendant un certain temps, une distraction bienfaisante en quelque sorte.

Quel que soit votre objectif, ce livre vous apprendra un secret. Vous pouvez faire tout cela, même au-delà de votre objectif de lecture actuel, grâce au pouvoir de la lecture rapide. Vous direz peut-être que vous lisez déjà rapidement, mais laissez-moi vous poser quelques questions. Combien de fois vous arrive-t-il de lire quelque chose et de revenir un paragraphe en arrière parce que vous semblez avoir oublié tous les mots que vous venez de lire ? Peut-être restez-vous bloqué sur un mot ou une phrase parce que vous ne savez pas exactement ce qu'il signifie ? Parfois, il arrive même que vous lisiez un chapitre entier et que vous ne vous souveniez plus vraiment de ce dont il traite exactement, est-ce que je me trompe ? La lecture rapide offre une solution à chacun de ces problèmes et à bien d'autres encore. En vous donnant des conseils spécifiques pour répondre à chaque problème, vous ne devriez plus rencontrer d'obstacles sur votre chemin vers la réussite de la lecture rapide.

J'ai longtemps eu du mal à lire. Mes journées chargées faisaient grossir ma pile de livres à lire et je n'arrivais jamais à en venir à bout. J'ai failli abandonner, submergé par les lectures que je voulais faire par rapport au temps dont je pensais disposer. En tant que coach en productivité, je devais cependant continuer à avancer et, toujours à l'affût de nouvelles solutions pour améliorer mon efficacité, je suis tombé sur la lecture rapide. Une fois ces techniques simples et efficaces trouvées, je les ai essayées et testées avant de les adopter dans mes propres lectures. Ma productivité est montée en flèche et je n'ai jamais regardé en arrière. Sauf circonstances particulières, je lis toujours en accéléré, et la quantité de lecture que je faisais avant n'a rien à voir avec celle que je fais aujourd'hui.

L'écriture de ce livre aurait pris beaucoup plus de temps qu'elle n'en a pris sans l'aide de la lecture rapide. Les heures entières que j'ai passées à la bibliothèque, à surfer sur Internet ou à me creuser les méninges pour trouver des idées ou des points à inclure auraient pris beaucoup plus de temps sans la capacité de lire 1 500 mots par minute. Des livres entiers sur la lecture rapide sont devenus accessibles alors qu'ils ne l'auraient pas été auparavant. Avec autant d'experts sur la lecture rapide, chacun ayant des raisons, des pratiques, des techniques et ses propres trucs et astuces bien documentés, il aurait pu falloir des mois pour rédiger ce livre. Je suis fier de dire que cela n'a pris que quelques semaines. Ces semaines ont été très chargées, ne vous méprenez pas, mais je ne peux m'empêcher de faire l'éloge de la lecture rapide, qui a permis d'éviter que cela ne prenne plus de temps.

Et alors ? direz-vous, en cherchant un avantage plus tangible ou plus compréhensible que le simple fait de pouvoir lire plus vite. La lecture rapide présente de nombreux autres avantages que la simple consommation de mots. Lire plus vite permet d'apprendre plus rapidement, ce qui réduit considérablement le temps nécessaire à l'acquisition de nouvelles compétences.

Non seulement la lecture rapide accélère votre consommation d'informations, mais elle peut aussi booster considérablement votre carrière. Plus vous lisez, plus vous en savez et plus vous pouvez partager vos connaissances avec d'autres personnes, ce qui vous rendra plus fort dans n'importe quel contexte : travail, amis, fêtes ou autre.

En outre, la lecture rapide permet de transformer les heures inutilisées à la fin de la journée de travail en productivité. En profitant de ce temps supplémentaire, vous pouvez suivre un cours en ligne pour obtenir un autre diplôme ou une certification qui pourrait améliorer vos perspectives d'emploi et augmenter vos revenus. Votre confiance en vous augmentera avec votre compréhension d'un sujet donné, ce grâce à l'élargissement de vos connaissances fondamentales. Vous retiendrez également beaucoup plus de choses, ce qui peut sembler étrange compte tenu de la rapidité avec laquelle vous lisez les informations. Mais avec autant d'informations à assimiler, votre mémoire évoluera naturellement, d'autant plus que vos compétences continueront à s'améliorer.

Ne vous contentez pas de me croire sur parole. Des experts confirment ces affirmations. Rien ne remplace l'expérience directe, mais le thème de la lecture rapide a naturellement séduit les chercheurs, qui passent une grande partie de leur vie à lire.

Certains se demandent si la lecture rapide ne nuirait pas à la précision de la lecture et ne représenterait pas un compromis. Toutefois, des études scientifiques, telles que celle menée par la bibliothèque de l'université du Michigan, ont conclu que la capacité à lire plus vite améliore la rétention des informations. Un article publié en 2016 dans la revue universitaire

Psychological Science in the Public Interest a analysé la crédibilité de la lecture rapide et a conclu que la lecture rapide n'est pas une solution miracle. Cependant, *So Much to Read, So Little Time* concède qu'il y a une amélioration substantielle de la vitesse globale et de l'efficacité avec des stratégies clés de lecture rapide, mais avec en contrepartie une diminution de la compréhension.

Heureusement, ce livre propose des stratégies pour lutter contre les petits sacrifices et les rendre pratiquement inexistants. Nous parlerons des tactiques d'autres experts dans le domaine de la lecture rapide, avec des méthodes de Scott Young, Jim Kwik et Evelyn Wood mises en évidence tout au long de l'ouvrage. Si cela ne suffit pas, internet regorge d'experts dans tous les domaines liés à la lecture rapide. Vous entendrez plusieurs d'entre eux, dont Ron Cole, Jordan Harry, Jim Kwik et Tim Ferriss, témoigner des avantages de la lecture rapide. Grâce à ma propre expérience et à l'appui de recherches évaluées par des pairs, ce livre servira d'introduction aux néophytes de la lecture rapide.

Quelle est l'utilité de ces conseils et astuces ? À titre de référence, une personne moyenne lit environ 200 à 300 mots par minute. Cela vous semble-t-il satisfaisant ? Avant de vous faire une opinion, que diriez-vous si je vous disais que vous pouvez lire 1 500 mots ou plus par minute ? La plupart des experts en lecture rapide fixent la limite supérieure de leur vitesse de traitement de texte à 500-600 mots par minute, estimant qu'il s'agit de la vitesse maximale à laquelle vous pouvez raisonnablement lire sans sacrifier gravement votre capacité de rétention. Cependant, les champions du monde de la lecture rapide, comme Anne Jones, peuvent régulièrement lire plus de 3 000 mots par minute. Anne Jones a établi le record à 4 700 mots par minute avec un taux de rétention de 67 %. Je ne peux pas faire de vous un détenteur de record du monde dans l'ombre d'Anne Jones, mais vous vous rapprocherez davantage de sa cadence que celle d'autres experts. Je peux vous promettre qu'avec les informations et les exercices contenus dans ce livre, vous pourrez compter sur 1 500 mots par minute comme base de référence. Avec beaucoup de temps et de pratique, vous pourrez même dépasser cette attente. Qui sait, vous pourriez devenir le prochain champion du monde de lecture rapide. Mais ne laissez pas cela devenir votre attente la plus réaliste.

Voici la progression des dix prochains chapitres.

Le premier chapitre détaille les avantages de la lecture rapide. Ils sont nombreux et d'une grande portée, allant de l'augmentation de votre rendement de lecture à l'amélioration de votre mémoire et de votre compréhension. Ce chapitre posera les bases de vos attentes quant à ce que vous obtiendrez de ce livre. Si vous n'aimez pas ce que vous lisez ici, vous pouvez arrêter le livre, mais je doute que ce soit le cas.

Le chapitre deux aborde trois idées fausses sur la lecture rapide. Je ne suis pas tout à fait certain de la manière dont elles se sont développées, mais elles semblent avoir pris une place importante dans la culture populaire. La lecture rapide semble être un superpouvoir, en particulier pour les super-héros de fiction qui prétendent lire 10 000 mots par minute. Ceci est grotesque. La seconde concerne la subvocalisation et l'idée fausse selon laquelle il faut s'en débarrasser pour lire vite. Ce n'est pas vrai non plus. Enfin, la lecture automatique permet de lire plus vite. Encore une fois, ce n'est pas vrai. Ce chapitre réfutera ces mythes.

Le chapitre trois vous demande d'accepter le niveau auquel vous lisez actuellement, quel qu'il soit. En faisant le point sur votre situation actuelle, vous pouvez à juste titre développer les points sur lesquels vous souhaitez travailler tout au long du livre. En gardant à l'esprit votre façon de lire et le type de lecteur que vous êtes, vous pourrez vous améliorer.

Le chapitre quatre vous présente un principe de base de la lecture rapide : le calcul de votre vitesse. En suivant la formule, vous pouvez établir une base quantitative pour votre lecture. Souvenez-vous de cette technique à l'avenir. Elle vous sera utile lorsque vous tenterez de mesurer votre vitesse de lecture et sa progression.

Le chapitre cinq vous lance la tête la première dans l'amélioration de votre vitesse de lecture, en vous donnant les conseils et astuces dont vous avez besoin pour commencer. Il s'agit tout d'abord de fixer des objectifs, afin de modérer vos attentes en matière d'amélioration et veiller à trouver le bon équilibre entre ambition et réalisme. Cela inclut l'écrémage, la technique de lecture rapide la plus connue. D'autres tactiques, telles que l'arrêt de la subvocalisation, la lecture de phrases, le méta-guidage, la présentation visuelle en série rapide, vous permettront d'acquérir les bases de la lecture rapide.

Le chapitre six apaisera les craintes que vous pourriez avoir de sacrifier la compréhension au profit de la rapidité, ce que les opposants à la lecture rapide utilisent pour fonder leurs arguments. La compréhension de la lecture ne se limite pas à l'assimilation des mots et à leur compréhension. Elle s'étend à la visualisation, à l'enrichissement du vocabulaire et à d'autres stratégies de lecture active. La lecture rapide peut entraîner une légère perte de rétention, mais les pratiques décrites dans ce chapitre vous aideront à atténuer ces pertes de manière substantielle. La lecture rapide ne nuit pas nécessairement à la compréhension.

Le chapitre sept reconnaît que la base sous-jacente de l'amélioration de la lecture réside dans le fait de la pratiquer davantage. Vous développerez une familiarité avec les choses que vous lisez, ainsi que des routines et des habitudes qui vous permettront de continuer à lire. La première étape cruciale pour devenir un maître de la lecture rapide consiste à établir une base solide.

Le chapitre huit aborde le problème du suivi de vos lectures et vous donne une structure pour documenter vos habitudes. Il recommande des méthodes éprouvées tout en admettant que les temps ont changé et qu'il en existe de nouvelles qui peuvent vous aider tout autant que les anciennes. La manière dont vous suivez vos lectures importe moins que le fait que vous le fassiez. Cela vous aide à vous concentrer sur vos objectifs et à vous sentir bien à l'égard de vos progrès, quel que soit le rythme auquel ils se produisent. Le meilleur moyen d'y parvenir ? Chronométrez de temps en temps votre lecture à l'aide de la formule du chapitre 4. Vous obtiendrez ainsi des données précises à suivre et à analyser comme bon vous semble.

Le chapitre neuf se penche sur l'une des tactiques de lecture rapide la plus populaire et la plus efficace. L'écrémage et le repérage semblent être des échappatoires faciles en raison des connotations qu'ils ont pris, mais, en réalité, cela vous aident à identifier et à acquérir les parties les plus importantes de la lecture. Nous n'en dirons pas trop dans l'introduction, mais ces techniques exigent un style de lecture beaucoup plus actif et impliqué que vous ne l'avez peut-être supposé auparavant.

Enfin, le **chapitre dix** vous donnera un aperçu des techniques de lecture les plus avancées, provenant directement d'experts par excellence. À première vue, elles peuvent sembler identiques aux méthodes du chapitre cinq, mais il serait plus approprié de les considérer comme leur prolongement. Ce chapitre traite de l'une des pionnières en matière de lecture rapide, Evelyn Wood, grâce à qui vous en apprendrez davantage sur l'un des événements les plus étranges survenus sur un campus universitaire dans les années 1960.

Pensez aux personnes les plus intelligentes que vous connaissez, que ce soit dans la culture populaire, sur votre lieu de travail ou dans votre vie de famille. Les enviez-vous pour la quantité de choses qu'elles connaissent ? Souhaitez-vous pouvoir faire et dire les mêmes choses qu'elles ? Aimeriez-vous étaler toutes vos nouvelles connaissances pour être à égalité, peut-être en remportant enfin la victoire lors de votre Trivial Pursuit hebdomadaire ? La lecture rapide peut être l'arme qui vous permettra de rester dans une sorte de course aux armements intellectuels. Si vous continuez à lire ce livre, vous pourrez vous aussi débloquer le superpouvoir de la connaissance et vous donner un avantage, quelle que soit la forme que vous souhaitez lui donner. Tout ce qu'il faut, c'est apporter de petites modifications à vos pratiques et habitudes actuelles, celles que je mentionne dans ce livre. Grâce à elles, vous pourrez améliorer de façon exponentielle votre consommation quotidienne d'informations.

Que ce soit en termes de mots gagnés par minute, d'amélioration de la compréhension ou de gain de temps, les techniques de lecture rapide feront de vous un meilleur lecteur. Elles feront tout cela et plus encore, transformant votre temps de lecture de la corvée qu'il pouvait être auparavant en quelque chose que vous aimez faire grâce à la sensation que vous éprouvez ou aux compétences ou connaissances que vous acquérez. En achetant ce livre, vous avez fait le premier pas vers la réalisation d'un potentiel considérable.

CHAPITRE UN

Comment l'augmentation de votre vitesse de lecture vous aidera-t-elle ?

ommençons par une expérience de réflexion. Pensez à toutes les lectures que vous devez faire un jour donné. Incluez tous les courriels, les textes, les réseaux sociaux, les articles d'actualité, les séances d'information ou toute autre lecture que vous pourriez faire ce jour-là. Combien de temps gagneriez-vous si vous pouviez le faire en trois fois moins de temps qu'aujourd'hui ? Ou, plus ambitieux encore, si cela ne vous prenait qu'un cinquième du temps qu'il vous faut aujourd'hui ? Cela semble presque trop beau pour être vrai, n'est-ce pas ? Ce n'est pas tout à fait un superpouvoir sorti d'une bande dessinée de Marvel ou de DC, mais c'est certainement un objectif à atteindre. Cette capacité modifierait le cours de beaucoup de nos vies.

Lire et comprendre rapidement des livres, des articles et d'autres documents en conservant leur qualité nous permettrait de compléter nos perspectives et d'élargir le champ de notre compréhension. Armé de cette nouvelle capacité à connaître les choses, le succès personnel, sous quelque forme que ce soit, sera plus facile à atteindre. Les carrières évolueraient plus rapidement avec des promotions ou des augmentations de salaire suivant l'accroissement de la productivité sur le lieu de travail. Les entreprises fonctionneraient plus rapidement et plus efficacement. Vous pourriez même être en mesure de faire une première impression plus durable en démontrant à quel point vous êtes bien informé. Ce livre vous aidera dans ces domaines et bien d'autres encore.

Ce qui ne devrait surprendre personne, c'est que ce livre fera de vous un lecteur rapide. Grâce aux conseils et astuces qu'il contient, vous lirez plus en moins de temps. Votre amélioration pourrait se manifester par une vitesse de lecture actuelle doublée ou triplée. Vous apprendrez à survoler les informations de moindre importance pour ne retenir que les informations cruciales.

Nous y reviendrons plus en détail ultérieurement, mais il existe une idée fausse sur l'écrémage. Pour certains, il s'agit de passer rapidement sur toutes les informations d'une page sans s'y intéresser pleinement. C'est tout à fait faux. L'écrémage implique effectivement la lecture rapide d'un grand nombre d'informations, mais le processus est beaucoup plus actif que cela. L'écrémage repose sur un aperçu approfondi de ce que vous décidez de lire, en sélectionnant les mots clés, les phrases et les idées auxquels vous devez prêter attention au cours de votre lecture. Vos yeux captent ces points précieux, ce qui vous permet de passer à côté de tout ce que vous ne jugez pas assez important, comme les exemples. De cette façon, votre cerveau est préparé à assimiler les mêmes informations importantes en moins de temps.

Beaucoup de gens considèrent la lecture rapide comme une sorte de « hack », comme quelque chose qui améliore tellement votre vie que cela ressemble à de la triche. Cependant, peu de gens savent exactement en quoi elle peut être utile, à part le fait de lire vite. Le site internet *Life Hack* a publié un article intitulé « 10 raisons pour lesquelles vous devriez apprendre à lire rapidement », dans lequel il donne quelques exemples généraux et spécifiques. De l'autonomisation à l'amélioration des compétences en matière de résolution de problèmes, l'article offre de nombreuses justifications pour cette compétence. Selon l'article, la lecture rapide, en tant que compétence d'autonomisation, augmente votre niveau de confort où que vous soyez, car elle vous permet de vous documenter sur davantage de sujets et donc d'avoir l'air plus intelligent lorsque vous parlez. En particulier dans les soirées, la lecture rapide vous donne plus de sujets de discussion et rend vos opinions plus intelligentes, car elles sont plus basées sur des faits et moins sur des spéculations. Cela peut également vous rendre plus intelligent d'une manière plus tangible, puisque vous pouvez utiliser votre nouvelle capacité à consommer de plus grandes quantités d'informations et à traduire ces informations en certifications ou en diplômes. Vous pensez que vous n'avez pas le temps de préparer ce master ou ce programme que vous remettez sans cesse à plus tard ? La lecture rapide pourrait faire la différence dans l'équation et vous permettre de gagner plus d'argent.

La lecture rapide améliore la confiance en soi

Outre le fait d'être plus à l'aise et mieux éduqué, la lecture rapide peut vous procurer plus de confiance en vous, en particulier sur le lieu de travail. Si vous consacrez votre temps et vos nouvelles capacités de lecture à vous familiariser avec tout ce qui touche à votre travail, vous deviendrez meilleur. L'aisance que vous dégagez lors des soirées se manifestera également dans les discussions avec votre patron. Dans cette situation, et à chaque fois que vous rencontrerez une résistance d'ordre argumentatif, vous répondrez calmement et facilement avec ce dont vous vous souviendrez grâce à votre lecture rapide.

La lecture rapide améliore la mémoire

Par ailleurs, vous vous souviendrez beaucoup mieux après avoir appris à lire rapidement. C'est logique puisque votre capacité de lecture et votre compréhension dépendent de votre capacité à vous souvenir de ce que vous lisez. S'il est vrai que vous devez disposer d'une certaine capacité de mémorisation pour pouvoir lire en général, le fait de lire davantage, et surtout plus vite, permet d'entraîner votre cerveau. La lecture facilitera l'établissement de connexions entre les informations et la mémoire dans votre cerveau, ce qui vous permettra d'évoquer plus facilement des faits ou des connaissances utiles. Comme il serait agréable de se souvenir d'une chose que l'on est censé faire, quelle qu'elle soit, sans être pris de panique au saut du lit, comme c'est souvent le cas lorsque la mémoire est défaillante. De plus, votre mémoire augmentée peut vous rendre plus créatif.

La lecture rapide accélère l'apprentissage

Bien entendu, l'avantage le plus évident de la lecture rapide est qu'elle vous permet d'apprendre plus rapidement. Passer moins de temps sur chaque lecture signifie que vous pouvez lire plus. Lire plus signifie apprendre plus. Cela va de pair avec le perfectionnement. Vous êtes plus intelligent, plus à l'aise, mieux éduqué, vous avez plus de confiance en vous et vous pouvez retenir davantage, ce qui aide énormément votre cerveau à créer de nouvelles synapses, c'est-à-dire des connexions entre les cellules du cerveau. Plus les voies neuronales que votre cerveau peut utiliser sont nombreuses et fortes, plus vous vous améliorerez dans le simple fait de penser.

La lecture rapide améliore la concentration et réduit le stress

Dans le mêlme ordre d'idées, l'acte de penser, en particulier avec le type de concentration qu'exige la lecture rapide, peut induire des qualités méditatives. Pensez aux moments où vous êtes dans votre élément, dans n'importe quel domaine, qu'il s'agisse de sport, de travail, d'art ou de n'importe quoi d'autre. Ce sentiment que vous ressentez lorsque tout le reste disparaît et que vous pouvez concentrer toute votre attention sur une seule tâche ? C'est ce que la lecture rapide tend à induire. Non seulement elle vous aide à vous concentrer, mais elle a aussi de sérieuses vertus anti-stress. Il en résulte une amélioration générale du bien-être émotionnel. Étant donné la nature relaxante de la lecture, elle réduit le stress et vous libère des soucis et autres pensées intrusives qui ne sont pas bénéfiques pour votre santé. Lorsque vous lisez plus vite, vous vous imprégnez de la matière et vous vous concentrez sur l'information que vous lisez plus que sur toute autre chose. En tant qu'acte de méditation active, vous atteignez le même état méditatif qu'un moine bouddhiste.

La lecture rapide ouvre des perspectives de carrière

Naturellement, une diminution du stress vous permet de vous concentrer sur des choses plus importantes, comme votre carrière. Pensez-vous que Bill Gates et ses semblables ont laissé le stress les empêcher de devenir quelques-uns des plus grands innovateurs de l'histoire ? La capacité à limiter le stress, qu'elle résulte d'un gain de temps grâce à la lecture rapide ou d'un autre facteur, représente une amélioration significative de la qualité de vie. La clarté d'esprit qu'elle procure améliore notamment les capacités de résolution des problèmes. Les meilleures idées sont souvent des instincts, selon cette logique, et la lecture rapide permet de développer ces instincts.

La lecture rapide améliore les compétences en matière de logique et de résolution de problèmes

Évidemment, la logique est un élément essentiel de la résolution des problèmes. Votre capacité à penser logiquement augmente également avec la lecture rapide. Réfléchissez brièvement aux objectifs de la lecture rapide. Vous devez comprendre rapidement des pans entiers d'informations. Pour ce faire, vous devez trier logiquement les informations en deux catégories : celles qui sont importantes et celles qui ne le sont pas. Le fait de le faire aussi rapidement que l'exige la lecture rapide améliorera sans aucun doute votre capacité à penser et à composer de manière logique.

Quelques idées fausses sur la lecture rapide

Vous vous concentrerez sur tout ce que vous lisez. La plupart des gens sont capables de lire à une vitesse de 200 mots par minute, certains atteignant même 300 mots par minute. De nombreux lecteurs pensent à tort que pour se concentrer davantage sur ce qu'ils lisent, ils doivent ralentir et digérer chaque mot. Cette idée est fausse pour deux raisons.

Premièrement, les styles de lecture traditionnels et les méthodes par lesquelles ils sont enseignés manquent d'efficacité.

Deuxièmement, les gens lisent lentement par manque de concentration. Pensez-y. Combien de distractions avez-vous lorsque vous vous asseyez pour lire un livre ? La distraction la plus importante se trouve probablement dans votre poche au moment où vous lisez ces lignes. Lorsque votre téléphone sonne, c'est presque comme si le monde autour de vous s'arrêtait un instant, n'est-ce pas ? Il peut s'agir de n'importe quoi : un message, une notification Facebook, un like sur vos photos Instagram, des mises à jour sur votre fil d'actualités Twitter, un courriel de votre patron ou simplement un mème désagréable.

Quoi qu'il en soit, nos vies ultra-connectées limitent notre capacité à rester au calme. Il est rare de pouvoir profiter d'un moment ininterrompu. Cependant, la concentration nécessaire à la lecture rapide rend ce point discutable. Vous n'avez pas le temps d'être distrait.

Une fois encore, nous revenons à certains des principaux avantages de la lecture rapide. Si la concentration est améliorée, la compréhension, la mémoire et la rétention des informations le sont également. Le cerveau est comme un muscle. Si nous entraînons notre cerveau de cette manière, il deviendra plus fort et plus performant. La lecture rapide pousse notre cerveau à être plus performant. Lorsque vous entraînez votre cerveau à assimiler des informations plus rapidement, d'autres parties de votre cerveau s'améliorent également.

Que disent les détracteurs ?

Une recherche rapide sur Google permet de trouver toutes sortes d'articles et de témoignages sur le fait que la lecture rapide n'est pas ce que l'on croit. Les opposants affirment que la lecture à des vitesses aussi élevées réduit la compréhension. Certains affirment que l'œil et le cerveau humains ne peuvent pas se coordonner pour traiter les mots et les phrases assez rapidement de sorte que l'on puisse atteindre une vitesse de lecture supérieure à 600 mots par minute. Ces études sont bien financées et fondées, votre cerveau ne fonctionne effectivement pas assez rapidement pour que les méthodes de lecture traditionnelles puissent fonctionner à cette vitesse.

Comment est-ce possible ?

Cela fait-il de ce livre une perte de temps ? Non. Les techniques contenues dans ce livre vous apprendront à tenir compte du fait que les méthodes de lecture traditionnelles ne suffisent pas pour des vitesses de lecture de 1 500 mots par minute.

De nombreuses études, dont l'authenticité et l'intégrité sont similaires à celles des études adverses, confirment la légitimité de la lecture à grande vitesse. Elle remonte à 1950, lorsque l'université du Nebraska a mené une étude sur la lecture rapide auprès de 150 étudiants en commerce. Don Clifton, président du département de psychologie, a divisé les étudiants en deux groupes, l'un dit « doué », avec une vitesse de lecture moyenne de 350 mots par minute. L'autre groupe, dit « normal », avait une vitesse de lecture de 90 mots par minute. Chaque groupe a suivi le même cours de lecture rapide, ce qui a suscité des réactions diverses de la part du corps enseignant, qui craignait que les étudiants doués ne soient avantagés. Le groupe normal a montré une amélioration significative, passant à 150 mots par minute. Cette augmentation de 66 % fait pâle figure en comparaison avec le groupe des surdoués, qui a atteint 2 900 mots par minute, soit une augmentation de 828 %.

Vous remarquerez la vitesse de lecture extrêmement élevée ainsi que l'augmentation du pourcentage, et le fait que ce livre offre quelque chose d'inférieur. Peut-être discréditerez-vous cette étude en tant que preuve. Ce n'est pas grave, car il en existe beaucoup d'autres. Prenons par exemple l'étude de l'université de l'Utah menée par Leann Larsen, intitulée *Does Speed Reading Improve College Student's Retention Level and Comprehension?* En fondant son analyse sur trois articles que ce livre abordera plus tard, elle a émis l'hypothèse que les étudiants qui apprennent à lire rapidement comprennent davantage de choses et retiennent mieux les informations que les étudiants qui n'apprennent pas ce type de lecture. John Macalister, de l'Université Victoria de Wellington en Nouvelle-Zélande, a conclu que la lecture rapide augmentait effectivement la vitesse de lecture des étudiants, même lorsque le texte est authentique ou nouveau pour eux. Dans son article *Speed reading courses and their effect on reading authentic texts: A preliminary investigation*, Macalister se concentre moins sur la rétention, mais reconnaît que la rétention était un élément essentiel de l'étude et qu'elle a été maintenue même avec des vitesses élevées.

La lecture rapide rend la lecture plus agréable dans l'ensemble

Naturellement, nous aimons faire ce que nous savons faire, et si nous améliorons nos compétences en lecture, nous ne nous sentirons plus obligés de lire, mais nous prendrons plaisir à le faire. Lorsque nous aimons faire quelque chose, nous consacrons plus d'efforts et d'énergie à nous améliorer, que nous en soyons conscients ou non. Ce livre vous fera découvrir des techniques d'apprentissage avancées. Vous voulez apprendre une nouvelle langue ? La lecture rapide vous aide à découvrir et à maîtriser les nuances grammaticales et le vocabulaire de la langue de votre choix. Vous souhaitez intégrer une nouvelle compétence professionnelle dans votre travail ? De la même manière, la lecture rapide rend les cours de remise à niveau ou d'approfondissement beaucoup plus accessibles. Vous pouvez même accroître votre valeur aux yeux d'un employeur.

La lecture rapide permet d'éliminer les mauvaises habitudes

Enfin, réfléchissez au nombre de mauvaises habitudes que vous avez prises. Il faut des efforts conscients et dévoués pour les désapprendre et les remplacer, et encore plus de pratique et de discipline pour conserver les nouvelles habitudes sans retomber dans les mauvaises. La lecture rapide est l'occasion de découvrir et de remplacer les mauvaises habitudes que vous avez peut-être prises. Celles-ci proviennent de votre éducation élémentaire. Tout le monde a eu un enseignant qu'il n'aimait pas particulièrement ou dont il s'est rendu compte, après coup, qu'il avait échoué dans son travail. Comment aimeriez-vous qu'ils aient un impact profond sur votre passé, votre présent et votre avenir ? Je ne peux pas imaginer que quelqu'un en ait un, surtout s'il n'était pas spécialement apprécié.

Ce livre rend ces exemples, ainsi que beaucoup d'autres, réalistes. Pour tirer le meilleur parti de ces conseils et astuces, je vous recommande d'avoir le matériel suivant à portée de main lorsque vous faites les exercices de ce livre : un crayon à papier ou un stylo, un surligneur, une feuille, une calculatrice, une montre ou un chronomètre et, bien sûr, votre livre ou votre support de lecture.

Plus largement encore, la lecture rapide fait de vous un meilleur lecteur

Avant que vous ne considériez cela comme une évidence et que vous ne passiez à autre chose, laissez-moi vous expliquer. Bien sûr, votre lecture sera plus rapide. Mais au-delà de cela, la lecture rapide, sous la forme des techniques incluses dans ce livre, vous donnera des tactiques que vous pourrez utiliser pour rendre votre lecture plus efficace. Pour les besoins de ce livre, je souhaite que vous les utilisiez à des vitesses élevées. Cependant, vous pouvez toujours les utiliser à n'importe quelle vitesse. Paul Nation a écrit un article à ce sujet, en mettant l'accent sur la fluidité de la langue. De manière quelque peu élémentaire, *Reading Faster* note que la reconnaissance des lettres conduit à un traitement plus rapide des mots, de même que la reconnaissance des mots permet un traitement plus rapide des phrases et des idées. Poursuivant dans cette voie, il a analysé comment les phrases simples se transforment en phrases complexes. Cela permet d'améliorer non seulement l'expression orale et écrite, mais aussi la lecture. Nation a mis en évidence deux techniques fondamentales que ce livre abordera dans les prochains chapitres : l'écrémage et le repérage. Selon lui, l'écrémage consiste à lire un texte rapidement, dans le but d'obtenir une vue d'ensemble de son contenu, au détriment de certains détails. Le repérage, quant à lui, exige du lecteur qu'il recherche des informations spécifiques, sous la forme de noms ou de chiffres. Nation reconnaît les mérites de chacun, mais admet que l'écrémage offre plus d'avantages que le repérage, pour des raisons de facilité d'utilisation et dans la poursuite de la maîtrise de la langue. En résumé, Nation postule que l'écrémage représente la prochaine étape dans le développement de la maîtrise de la langue et qu'il permet d'améliorer à la fois la capacité à lire et les compétences d'expression écrite et d'expression orale.

Résumé du chapitre

- ♦ Vous pouvez réduire considérablement le temps que vous consacrez actuellement à la lecture.
- ♦ Vous pouvez utiliser ce temps pour lire davantage, ce qui multiplie le temps de lecture effectif dans votre journée.
- ♦ Au-delà du temps que vous y passez et de la quantité de lecture, la lecture rapide présente d'autres avantages tels que l'avancement professionnel et le développement des compétences.
- ♦ La lecture rapide combat les styles de lecture traditionnels inefficaces et réfute l'hypothèse selon laquelle une lecture plus lente est plus ciblée et plus efficace.
- ♦ La lecture rapide favorise la concentration car elle exige et facilite un effort concerté pour assimiler et retenir les informations aussi rapidement et précisément que possible.
- ♦ La lecture rapide sollicite le cerveau et le renforce, et, de la même manière qu'un exercice musculaire, elle soutient et renforce également d'autres parties du cerveau.
- ♦ La lecture rapide vous permettra d'apprécier la lecture et de vous améliorer.
- ♦ La lecture rapide permet d'acquérir de nouvelles compétences à un rythme plus rapide.

Le chapitre suivant réfutera les mythes que l'on vous a peut-être enseignés sur la lecture rapide. En s'appuyant sur des preuves, le deuxième chapitre dissipera vos doutes et vos idées fausses sur la lecture rapide grâce à des recherches approfondies.

3 mythes que l'on vous a enseignés sur la lecture rapide

S'il existe de nombreuses idées fausses sur la lecture rapide, certaines dépassent le cadre du mythe. Ce chapitre va réfuter 3 mythes populaires sur la lecture rapide afin de vous convaincre que la lecture rapide est réelle, efficace et qu'elle peut vous apporter des bénéfices considérables. Ils exagèrent ce qu'est la lecture rapide, ce à quoi elle ressemble et ce qu'elle fait pour vous. Sans plus attendre, voici les 3 plus grands mythes sur la lecture rapide.

Mythe n° 1 : vous pouvez lire 10 000 mots par minute

Plaçons cela dans une perspective mathématique. 10 000 mots avec une police Times New Roman de taille 11, identique à ce texte, avec un espacement simple, représentent 20 pages, et avec un espacement double, 40 pages. Chaque page contient respectivement 500 et 250 mots. Par ailleurs, 10 000 mots par minute correspondent à 166 ⅓ mots par seconde, soit environ une page ou une demi-page par seconde. Des études scientifiques montrent que le cerveau traite généralement les images, et non les mots, en 100 millisecondes environ. Dans une étude réalisée en 2014 par le Massachusetts Institute of Technology (MIT), les neuroscientifiques ont découvert que l'œil n'a besoin que de 13 millisecondes pour traiter les concepts présentés dans les images. En appliquant ces deux calculs, on obtient 16 ⅓ mots par 100 millisecondes et 2⅙ mots par 13 millisecondes. Ces vitesses sont littéralement fulgurantes et franchement inatteignables, surtout si l'on considère la difficulté de choisir des mots dans une phrase, un paragraphe ou une page.

Pensez-y de la manière suivante. Ce livre compte environ 30 000 mots. Pensez-vous pouvoir lire un tiers de ce livre en une minute ? C'est absurde. Ce n'est pas le but de la lecture rapide.

Ces processus, contrairement au traitement des images présenté dans l'étude du MIT, nécessitent le mouvement et le recentrage de l'œil, ce qui allonge considérablement le temps nécessaire à la lecture et à la compréhension de l'information. L'affirmation selon laquelle le cerveau humain peut lire 10 000 mots est très imagée dans les films ou à la télévision. Des super-héros comme Superman, Flash et Quicksilver pourraient en être capables. Mais il y a une raison pour laquelle il s'agit, pour l'essentiel, de fiction. Seuls les surhommes possèdent cette capacité. 10 000 mots par minute, c'est tout simplement impossible. Comme le dit si bien Calvin de *Calvin et Hobbes*, « la lecture est facile si l'on ne se préoccupe pas de la compréhension ».

Mythe n° 2 : la subvocalisation nuit à la lecture rapide

Pour ceux qui ne le savent pas, la subvocalisation est la voix que vous entendez dans votre tête pendant que vous lisez. Certains experts en lecture rapide affirment que l'élimination de la subvocalisation est la clé de la lecture rapide. Scott Young admet toutefois que si cette méthode permet d'améliorer votre capacité à traiter les mots plus rapidement, elle a pour contrepartie une nette diminution de la compréhension. Dès lors, comment peut-on espérer lire plus vite si l'on n'élimine pas la subvocalisation ? La subvocalisation étant essentielle à la compréhension de la lecture, les lecteurs les plus rapides sont tout simplement meilleurs en la matière. Pour témoigner de l'effi-cacité de cette pratique, la NASA a mis au point un système permettant d'enregistrer ces impulsions afin de naviguer sur le web ou de contrôler un vaisseau spatial. De la même manière que la subvocalisation vous aide à apprendre une nouvelle langue, elle facilite votre compréhension de la lecture.

Mythe n° 3 : le fait de lire correspond à la même chose que le fait de pratiquer la lecture rapide

On pourrait penser que le simple fait de lire nous permet de lire plus vite. Cependant, comme toute pratique, si nous n'appliquons pas correctement les techniques ou les méthodes prévues, nous prenons de mauvaises habitudes que nous ne reconnaissons souvent pas. Au nom de la pleine compréhension, nous pouvons relire des phrases ou des paragraphes, ou nous arrêter sur des mots ou des expressions qui ne nous sont pas familiers. En outre, à moins que vous augmentiez activement votre vitesse de lecture normale, vous ne pratiquez pas la lecture rapide.

Mais attendez, me direz-vous, les romans à succès que je lis ne sont pas de cet avis ! Votre argument serait valable si vous teniez compte du fait que ces livres sont destinés à être lus rapidement. Ils s'appuient sur des concepts simples, sur la compréhension et sur des images vivantes pour faire avancer l'intrigue et les thèmes abordés. De plus, combien de fois lisez-vous un tel livre, ou tout autre d'ailleurs, et vous souvenez-vous de tout son contenu ? La pratique de la lecture rapide exige un petit sacrifice de rétention au début. Une pratique continue et attentive améliorera avec le temps votre rétention, mais il est peut-être trop optimiste de s'attendre à ce que la vitesse et la compréhension s'améliorent simultanément. Par conséquent, lorsque vous lisez, faites-le pour le plaisir. Consacrez un temps particulier pour améliorer la vitesse à laquelle vous lisez.

Résumé du chapitre

♦ En raison de sa nature quelque peu mystérieuse et apparemment inaccessible, il existe des mythes sur la lecture rapide qui tendent à la mystifier davantage ou à la rendre encore plus inaccessible.

♦ Ces mythes existent parce que la lecture rapide semble trop belle pour être vraie.

♦ Le premier mythe est une hyperbole selon laquelle les gens peuvent lire jusqu'à 10 000 mots par minute.

♦ Le deuxième mythe est que vous devez éliminer la subvocalisation, la voix intérieure dans votre tête lorsque vous lisez, afin d'atteindre des niveaux réalistes de lecture rapide.

♦ Enfin, on n'améliore pas naturellement sa vitesse de lecture en lisant normalement.

Maintenant que nous avons établi les avantages de la lecture rapide et discrédité les faussetés à son sujet, commençons à parler de vos attentes concernant votre propre lecture et la lecture rapide. Vous vous imaginez peut-être en train de lire à toute vitesse toutes sortes de textes. Cependant, nous devons d'abord trouver une base de référence. Le prochain chapitre vous permettra de savoir où vous en êtes dans votre lecture rapide.

CHAPITRE TROIS

Acceptez votre niveau de lecture

C omme pour toute autre compétence, l'apprentissage de la lecture rapide nécessite de faire preuve d'honnêteté quant à ses capacités actuelles. Vous n'entreriez jamais dans une salle de sport ou un cours d'haltérophilie en essayant de soulever des poids de 100 kg ou plus dès le premier essai. Si vous étiez un acteur ou une actrice en herbe, vous n'iriez jamais sur le plateau de tournage d'un film pour lequel vous n'auriez pas répété votre texte. Si vous étiez un artiste, vous ne trouveriez jamais votre premier tableau dans un musée à côté d'un Picasso. Vous voyez ce que je veux dire.

De la même manière, vous devez reconnaître et accepter le fait que vous êtes peut-être un lecteur rapide débutant. Vous aurez sans aucun doute des objectifs à atteindre dès le premier jour, mais vous devez abandonner l'idée d'exceller dès les premières heures. Si, comme vous le faites actuellement, vous lisez à une vitesse d'environ 200 mots par minute, il vous faudra plus que la quantité de travail que vous pouvez fournir en une journée pour atteindre et maintenir une vitesse de lecture de 1 500 mots par minute. Nous avons tous commencé quelque part, et où que ce soit, ce n'est pas grave, d'autant plus qu'en achetant ce livre, vous avez choisi de vous améliorer. Néanmoins, comme pour toute autre chose dans la vie, pour savoir où l'on va, il faut savoir où l'on commence. Fixez-vous des objectifs ou des attentes élevés, mais comprenez que ce n'est pas facile et que cela ne se fera peut-être pas aussi vite que vous le souhaiteriez. Dans ce cas, ne soyez pas dur avec vous-même, continuez simplement à travailler.

Analysons un peu plus votre situation actuelle. Comment vous décririez-vous en tant que lecteur ? Quelles sont les choses que vous aimez le plus lire ? Quelles sont les choses que vous ne supportez pas de lire ? Quelles sont les choses que vous aimeriez lire davantage ? Y a-t-il des choses que vous aimeriez lire plus rapidement ? Y a-t-il des choses que vous aimeriez mieux comprendre lorsque vous les lisez ? Plus important encore, mais pas aussi évident, examinez les explications de vos réponses. Pourquoi dites-vous ou faites-vous ces choses ?

Saviez-vous que la lecture n'est pas une fonction biologique naturelle de l'être humain ? En effet, contrairement aux choses que nous associons souvent à la lecture, comme la vue, l'ouïe, la sensibilité ou même le langage, notre cerveau ne sait pas naturellement comment lire. C'est plutôt l'homme qui a acquis la lecture en tant que compétence et l'a développée culturellement. Dans son livre *Sapiens : Une brève histoire de l'humanité*, Yuval Noah Harari explique l'évolution de la lecture et de l'écriture à partir de leur origine, à savoir la comptabilité des stocks et des achats de céréales. En cooptant d'autres stratégies cognitives développées, telles que la reconnaissance d'images et l'analyse linguistique, le langage a d'abord incorporé des choses que l'on pouvait toucher, voir, entendre, sentir ou goûter. Ces idées concrètes ont finalement permis de communiquer des idées abstraites, telles que les religions, les mythes, les fantasmes ou les légendes. Cela a créé une forte juxtaposition entre la réalité physique que nous partageons tous et la réalité imaginée que nous habitons de manière singulière.

Il a fallu plusieurs milliers d'années, jusqu'à la révolution agricole environ, pour que l'écriture soit inventée et, avec elle, la lecture. Un processus que nous utilisons quotidiennement et que nous considérons comme allant de soi a en fait une histoire longue et complexe. La lecture et l'écriture sont difficiles et quelque peu contre nature pour les humains. Sinon, les taux d'alphabétisation dans le monde seraient plus élevés que les 86,31 % cités par la Banque mondiale. En regardant ce pourcentage, on pourrait se dire que ce n'est pas si mal. Ce qui est le cas. Les taux d'alphabétisation sont meilleurs qu'il ne l'ont jamais été dans l'histoire. Il n'en reste pas moins qu'il démontre un fait essentiel : la lecture n'est pas une compétence innée, instinctive.

Au-delà de la perspective ésotérique et métahistorique, il existe des contraintes plus tangibles à l'amélioration de votre vitesse de lecture. N'hésitez pas à blâmer l'un ou plusieurs d'entre eux si vous vous sentez frustré. D'une manière générale, le fait de ne pas connaître le sujet peut avoir le plus grand effet sur votre capacité à lire rapidement. Les sujets abstraits et difficiles à comprendre ralentiront presque à coup sûr votre rythme pendant que vous vous débattrez avec le contenu en question. Deuxièmement, le fait de ne pas connaître les mots vous ralentira également. Plus vous ignorez de mots, plus vous devrez vous gratter la tête pour en comprendre le sens avant que votre entêtement ne vous pousse à consulter un dictionnaire. Enfin, le fait de ne pas connaître les sons entravera vos progrès en lecture. Cette situation n'est pas particulièrement fréquente dans votre langue maternelle, mais elle se produit de temps à autre. Les emprunts de mots à d'autres langues peuvent vous bloquer dans votre lecture, de la même manière que l'apprentissage d'autres langues puisse vous bloquer également. Inversement, plus vous en savez sur le sujet, les mots et les sons, plus votre vitesse de lecture augmentera.

Résumé du chapitre

- Comme pour l'acquisition de toute nouvelle compétence, avant de pouvoir accéder à l'endroit où vous voulez aller, vous devez savoir où vous vous trouvez actuellement.

- Pensez à vous en tant que lecteur. C'est la meilleure façon de déterminer votre point de départ lorsque vous souhaitez améliorer votre lecture rapide.

- Comprenez que la lecture n'est pas quelque chose que vous devez considérer comme allant de soi et qu'elle est en fait étrangère aux paramètres biologiques par défaut de l'homme. Vos ancêtres l'ont développée au cours d'un processus complexe il y a des millénaires.

- De manière plus pertinente, votre lecture est soumise à des contraintes. Ne pas connaître le sujet, les mots ou les sons de la lecture peut entraver vos progrès.

- En revanche, une meilleure connaissance du sujet, des mots et des sons facilitera la lecture.

Nous avons maintenant établi une sorte de base abstraite, fondée sur les descriptions que vous faites de vous-même en tant que lecteur et sur l'idée que la lecture est difficile et compliquée. Dans le prochain chapitre, vous procéderez à une évaluation plus quantitative de vos compétences fondamentales en tant que lecteur en calculant votre vitesse de lecture. Vous transformerez ainsi votre objectif abstrait de vouloir lire généralement plus vite en un objectif identifiable de vitesse de lecture exacte par rapport à votre vitesse de lecture actuelle.

Chapitre quatre

Comment calculer votre vitesse de lecture

S i vous essayez d'augmenter votre vitesse de lecture, vous devez la surveiller de près. Ce calcul a été mis au point pour les étudiants qui passent le *Law School Admission Test* (LSAT), un test standardisé destiné à ceux qui souhaitent entrer dans une école de droit, principalement aux États-Unis, au Canada et en Australie. Suivez les instructions pour obtenir une bonne estimation de votre vitesse de lecture effective.

La formule

Estimez le nombre de mots sur une page en comptant le nombre de mots sur deux lignes et en divisant par deux. Ainsi, s'il y a 37 mots sur deux lignes, le nombre de mots par ligne est alors de 18,5.

Comptez le nombre de lignes sur la page. Multipliez le par le nombre de mots par ligne. Ainsi, s'il y a 50 lignes sur une page, 50 x 18,5 = 925 mots sur une page.

Si vous voulez être encore plus précis, vous pouvez simplement utiliser un logiciel pour vérifier le nombre de mots sur une page particulière d'un livre électronique.

Lisez une page. Comptez le temps que cela prend en secondes.

Divisez le nombre de mots par page par le nombre de secondes qu'il vous a fallu pour lire la page. Multipliez par 60 pour obtenir le nombre de mots par minute. Pour les besoins de cet exercice, disons qu'il vous a fallu quatre minutes et 30 secondes pour lire la page. Cela représente 270 secondes. 925 divisé par 270 est égal à 3,425. Ce chiffre multiplié par 60 correspond à environ 205 mots par minute.

Reprenons cette formule et simplifions-la. Déterminez le nombre de mots par ligne (MPL). Déterminez ensuite le nombre de lignes par page (LPP). Multipliez MPL par LPP pour obtenir le nombre de mots par page (MPP). Prenez maintenant votre chronomètre. Mettez-le en marche. Lisez la page. Convertissez le temps en secondes. Divisez le nombre de mots par page par le nombre de secondes. Multipliez par 60 pour obtenir le nombre de mots par minute (MPM).

Une fois de plus, la formule est la suivante :

$$MPM = MPP \ (LPP \ x \ MPL) \ / \ Secondes \ x \ 60$$

Vous pouvez maintenant calculer votre propre nombre de mots par page (vitesse de lecture), mais avant de le faire, prenez quelques mesures pour vous assurer que vous êtes concentré :

- ♦ Trouver un endroit calme pour lire seul.
- ♦ Éliminer les distractions (télévisions, téléphones portables, onglets de navigation, etc.).
- ♦ Assurez-vous d'être à l'aise.
- ♦ Préparez votre chronomètre et votre livre.

Vous avez compris ? Maintenant, calculez votre propre vitesse de lecture et notez le nombre quelque part afin de pouvoir suivre vos progrès pendant que vous lisez ce livre.

Mesurez périodiquement la vitesse à laquelle vous lisez. L'idéal est d'utiliser le même livre, ou au moins le même auteur, afin de standardiser le test. Sinon, vous obtiendrez une estimation inexacte de votre vitesse de lecture. Le fait de lire le même livre permet de s'assurer que vous ne lisez pas plus vite ou plus lentement en raison de la difficulté du livre à lire. Il peut également s'agir d'un livre que vous avez déjà lu. En fait, cela peut être mieux qu'un livre que vous n'avez pas lu car, au moins en théorie, vous devriez connaître tous les mots du livre.

Après avoir effectué le test et calculé votre propre vitesse de lecture, voyez où vous vous situez ci-dessous. Ces données proviennent d'une étude commanditée par Staples pour la commercialisation d'un livre électronique et ont été cités dans un article du magazine Forbes. Utilisez ces informations uniquement comme point de repère pour évaluer votre situation. Ne vous découragez pas si le résultat n'est pas à la hauteur de vos espérances, car en atteignant ce stade du livre, vous avez déjà fait preuve d'une bonne volonté d'améliorer votre vitesse de lecture. Avec le temps et la pratique, votre vitesse devrait augmenter considérablement.

◆ La vitesse de lecture moyenne d'un adulte est de 300 mots par minute.
◆ Un élève typique de CE2 lit à un rythme de 150 mpm (mots par minute).
◆ Les élèves de 4ème peuvent généralement atteindre une vitesse de 250 mpm.
◆ Un étudiant universitaire moyen atteint environ 450 mots par minute.
◆ Un cadre supérieur moyen absorbe environ 575 mots par minute pour son travail très important au sein de l'entreprise.
◆ Compte tenu du haut niveau d'éducation requis pour son poste (généralement un doctorat), un professeur d'université moyen lit à une vitesse de 675 mpm afin de pouvoir traiter toutes les quantités incommensurables

de travail produites par ses étudiants tout en respectant les délais de notation.

♦ Les lecteurs rapides peuvent atteindre des limites de 1 500 mpm ou plus, en particulier avec l'aide de livres de lecture rapide comme celui-ci.

♦ Nous l'avons déjà mentionnée, mais Anne Jones vaut la peine d'être mentionnée à nouveau. Championne du monde de lecture rapide, elle atteint la vitesse stupéfiante de 4 700 mots par minute.

Résumé du chapitre

♦ Calculer votre vitesse de lecture est facile. En suivant la formule, vous pouvez déterminer votre vitesse de lecture en moins de cinq minutes.

♦ Estimez le nombre de mots par page en comptant les mots sur deux lignes et en divisant le résultat par deux.

♦ Comptez le nombre de lignes par page, puis multipliez le par le nombre de mots par ligne.

♦ Les personnes qui lisent des livres électroniques peuvent également surligner tout le texte de la page et vérifier le nombre de mots à l'aide de leur lecteur électronique, ou copier-coller les mots dans un compteur de mots.

♦ Lisez une page et comptez le nombre de secondes que cela prend.

♦ Divisez le nombre de mots par page par le nombre de secondes nécessaires pour obtenir le nombre de mots par seconde.

♦ Multipliez par 60 pour obtenir le nombre de mots par minute.

♦ Cette formule peut être représentée comme suit : MPM = MPP (LPP x MPL) / Secondes x 60

♦ Répétez régulièrement l'exercice pour enregistrer vos progrès, en utilisant idéalement le même livre.

♦ Utilisez les informations ci-dessus comme référence pour votre niveau de lecture rapide et comme point de départ pour comparer vos progrès une fois que vous aurez pratiqué pendant un certain temps.

Félicitations ! Vous savez maintenant exactement où vous en êtes en tant que lecteur rapide. À ce stade du livre, vous avez beaucoup entendu parler des avantages de la lecture rapide et de certains mythes qui y sont associés. Vous vous êtes fait une idée de qui vous êtes en tant que lecteur et vous avez calculé votre nombre de mots par minute. Vous vous demandez peut-être quand est-ce que vous passerez aux choses sérieuses, à savoir, comment véritablement améliorer votre vitesse de lecture. Heureusement, le prochain chapitre sera le premier à vous donner des conseils et des astuces pour y parvenir.

CHAPITRE CINQ

Comment lire plus vite

Ayez un objectif

La première étape de la lecture rapide a lieu avant même que
vous ne commenciez à lire un livre, un article, un essai ou toute
autre chose. Il s'agit de fixer un objectif pour ce que vous lisez.
En d'autres termes, que voulez-vous tirer de ce que vous vous
apprêtez à lire ? Voulez-vous connaître les derniers événements
de l'actualité dans un article de journal ? Ou peut-être acquérir
une nouvelle compétence, comme vous le faites actuellement
? Peut-être avez-vous choisi le dernier best-seller dont tout le
monde parle et vous voulez le découvrir par vous-même. La raison ou l'objectif exact n'a pas autant d'importance que le fait
de s'en fixer un. Le fait d'avoir un objectif en tête lorsque vous
lisez vous aide énormément. Il vous permet de vous concentrer
sur la raison pour laquelle vous lisez. Il vous aide à traquer des
connaissances particulières pendant que vous lisez et vous aver-
tit lorsque vous devez ralentir et vous concentrer sur certains
passages cruciaux, maximisant ainsi votre compréhension.

Faites quelque chose pendant que vous lisez

Comment faire du multitâche ? Devrais-je essayer de faire des
tâches ménagères alors que j'ai un livre entre les mains ? Non,
ce n'est pas ce que je suggère. Une grande partie des difficultés
associées à la lecture en général et à la lecture rapide provient
d'une approche passive. Je veux dire par là que vous ne faites
rien d'autre que de déplacer vos yeux sur les mots et d'essayer
de les comprendre. Dans son livre *Breakthrough Rapid Reading*,

Peter Kump met l'accent sur cette passivité et y remédie en prescrivant une participation active à ce que vous faites, en l'occurrence la lecture. Cela maximise votre concentration consciente et renforce votre compréhension de ce que vous lisez. Citant le psychologue William James, il estime que l'amélioration de la mémoire passe par l'amélioration des habitudes que nous utilisons pour enregistrer des faits. Kump en déduit que la lecture active et l'organisation tout au long de la lecture améliorent la façon dont vous enregistrez ou recevez les informations. Mais cela ne suffit pas. Selon Kump, pour s'approprier l'information, il faut l'utiliser et l'appliquer d'une manière ou d'une autre. Qu'il s'agisse de la répéter ou de la synthétiser en conjonction avec quelque chose d'autre, vous ne vous l'approprierez que lorsque vous ferez cela. Ce chapitre vous montrera comment appliquer ce raisonnement à vos lectures afin de profiter des avantages de la lecture active.

La magie de l'écrémage

La modulation de la vitesse de lecture permet au lecteur de tirer le meilleur parti de sa lecture tout en augmentant la vitesse à laquelle il lit. Cette technique s'appelle l'écrémage. En lisant de manière sélective les informations que vous jugez les plus importantes et en faisant abstraction des éléments inutiles, l'écrémage peut s'avérer extrêmement efficace une fois que nous avons déterminé les informations que nous souhaitons obtenir à partir d'un texte donné. L'écrémage peut également avoir une autre utilité. En lisant rapidement le texte avant de l'examiner de plus près, vous aidez votre œil et votre cerveau à repérer les informations qui vous intéressent le plus. Cela vous permet de vous familiariser avec le texte en général avant de vous engager dans une lecture approfondie. Une étude a montré que cette pratique améliore sensiblement la compréhension.

Pensez à la dernière fois que vous avez étudié pour un examen. Je me rends compte que pour certains, c'était il y a longtemps, mais permettez-moi néanmoins de développer mon propos. Lorsque vous préparez un examen ou une présentation importante, si vous préférez, votre temps est limité. Il est donc naturel de sauter les informations qui ne sont pas utiles et de commencer par les plus importantes. Nous avons rapidement parcouru les épreuves de l'examen pour en comprendre la structure, le type de questions et les parties qui valent le plus de points. À partir de là, nous avons pu manœuvrer l'examen plus rapidement et plus efficacement, car nous savions où se situaient les gains et les pertes les plus importants. Par exemple, si une question de rédaction vaut autant que les parties à choix multiples et à réponse courte combinées, nous pouvons commencer par la rédaction avant de passer aux parties qui valent moins de points par question. Lorsqu'on lit quelque chose, on trouve généralement les informations les plus importantes dans l'introduction et la conclusion. En adoptant cette stratégie, lire ces parties tout en survolant ce qui se trouve entre les deux nous servirait au mieux en termes d'informations retenues.

Envisagez des substituts à la subvocalisation

C'est ici qu'une modulation de la subvocalisation peut s'avérer très utile. Lorsque nous procédons à l'écrémage, nous sacrifions déjà la rétention au profit de la rapidité parce que l'information n'est pas aussi importante pour nous. Comme nous l'avons déjà accepté, nous pouvons cesser de subvocaliser autant pour nous aider à parcourir ces sections plus rapidement. Dans des cas comme celui-ci, la subvocalisation est de loin le principal facteur de ralentissement de notre lecture. Elle réduit notre vitesse de lecture à environ 300 mots par minute. La vitesse d'un escargot, soit environ un cinquième de notre potentiel ! Vos yeux et votre cerveau peuvent traiter les informations à un rythme beaucoup plus rapide. En empêchant le narrateur dans votre tête de vous ralentir, vous pouvez doubler votre vitesse de lecture effective assez rapidement.

Attendez une seconde, me direz-vous, c'est beaucoup plus facile à dire qu'à faire. C'est vrai, il peut être difficile d'arrêter de subvocaliser, surtout si vous avez l'impression que vous devez subvocaliser pour lire efficacement. C'est un véritable tour de force, et il m'a fallu un certain temps pour me débarrasser de cette habitude. D'un point de vue psychologique, il est incroyablement difficile de se débarrasser de ses habitudes. En revanche, il est assez facile de remplacer une habitude par une autre. Plutôt que de grincer des dents et d'essayer d'arrêter de subvocaliser, distrayez-vous d'une manière ou d'une autre. Utilisez votre doigt ou un crayon pour suivre les mots, écoutez de la musique ou votre podcast préféré, ou mâchez du chewing-gum pendant que vous lisez.

Apprenez à grouper les mots en lisant

Une autre habitude difficile à surmonter consiste à lire chaque mot un par un. On nous a appris à l'école que pour comprendre une phrase entière, il faut comprendre le sens de chaque mot. Même si la dernière fois que nous avons entendu une telle leçon remonte potentiellement à très longtemps, nous la considérons toujours comme vraie. Mais combien de fois lisez-vous une phrase dont vous ne connaissez pas plus d'un ou deux mots ? Dans ce cas, vous pouvez généralement comprendre le sens de ces mots inconnus grâce à des indices contextuels. En utilisant la même technique qui consiste à lire quelques mots autour d'un seul pour en comprendre le sens, vous pouvez lire quelques mots à la fois pour augmenter votre vitesse de lecture.

Vous pouvez le faire parce que votre vision s'étend sur environ 2,5 centimètres, ce qui est plus que suffisant pour lire cinq mots, voire trois ou quatre s'ils sont plus courts. Plus vous vous améliorez, plus vous pouvez augmenter cette portée jusqu'à neuf mots, ce qui fait des merveilles pour votre vitesse de lecture. Encore une fois, cela peut sembler plus facile à dire qu'à faire, mais si vous vous concentrez sur un mot sur cinq environ, les résultats pourraient vous surprendre. Il faut un peu d'entraînement avant de pouvoir tirer pleinement parti de cette compétence. Comme toute chose, le temps et la pratique permettent de l'améliorer. Je vous déconseillerais cependant de l'utiliser pour quelque chose d'important, comme un manuel, avant de vous sentir pleinement à l'aise.

L'article que j'ai mentionné précédemment, *So Much to Read, So Little Time*, aborde directement ce phénomène. Il explique en détail comment une acuité importante limite la vision et contraint le processus de lecture, en empêchant la rétention au-delà de la fovéa, le point central de la vision et l'endroit où se produit la fixation. Cette zone constitue jusqu'à 1 degré dans n'importe quelle direction de l'angle de vision qui s'en éloigne et fournit l'acuité la plus élevée par rapport à la parafovéa située entre 1 et 5 degrés du centre de la vision. Le reste du champ de vision est la périphérie et a peu d'acuité. Bien que l'article affirme que l'acuité diminue à mesure que l'on s'éloigne du centre de la vision, une certaine rétention est encore possible, comme l'illustre l'image suivante. Bien que les mots soient plus flous vers la fin des phrases, ils restent lisibles et, dans le cadre de la lecture rapide, peuvent encore être retenus pour obtenir des taux de lecture plus élevés. Il est scientifiquement vrai que la reconnaissance des mots s'effectue le plus souvent et le plus efficacement dans la fovéa, mais une partie s'effectue en dehors de celle-ci. Pour une analyse plus approfondie de ce phénomène, reportez-vous à l'article qui décrit le fonctionnement des bâtonnets et des cônes dans l'œil. Malheureusement, nous n'avons pas le temps de nous y attarder ici.

Dans le cadre de sa série Backpack, Steven Frank a écrit un livre intitulé *Speed Reading Secrets*. J'en recommande vivement la lecture, même si ce livre en représente une version actualisée et plus complète. En ce qui concerne la lecture de cinq mots ou plus à la fois, il propose un excellent exercice pour développer cette méthode. En plaçant trois colonnes de mots sur la page, il invite son lecteur à ne suivre que les mots en gras du milieu et à voir combien d'autres mots il peut assimiler, bien que les yeux du lecteur soient naturellement attirés par les mots en gras.

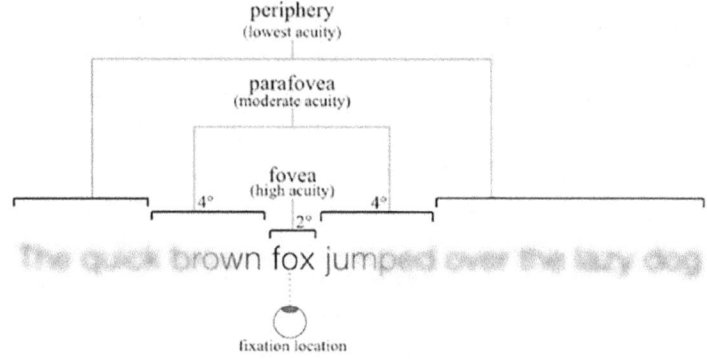

oncle	**pingouin**	manuel
l'école	**ampoule**	jogging
alligator	**avion**	aventure
parapluie	**soupe**	quatorze
symbole	**ami**	pont
littérature	**enveloppe**	anniversaire
affamés	**ski**	tennis
vacances	**brillant**	mathématiques
chambre à coucher	**nuages**	degré
vert	**crayon**	nuit
ordinateur	**chaussures**	dîner
diplôme	**cacahuète**	bougies
calendrier	**ascenseur**	patiner
océan	**portefeuille**	audition
soleil	**courageux**	musique
moufles	**plume**	sœur
histoire	**titre**	porte
mots	**métro**	shampoing
prisme	**films**	métier
trottoir	**estomac**	princesse

Il demande ensuite à son lecteur d'essayer à nouveau sans les mots en gras, en suivant simplement la colonne centrale vers le bas. L'objectif est de se concentrer sur la partie centrale et de voir combien de mots le lecteur peut retenir. Sans le mot en gras qui détourne l'attention, le cerveau traitera plus de mots à mesure que l'œil se promène de haut en bas.

bonheur	base de données	freins
affranchissement	capital	Décembre
quantité	téléphone	montre-bracelet
Boston	liberté	agrafeuse
panthère	pizza	motif
tremblement de	chaussettes	journal
terre	combinaison	courge
érable	chausse-pied	antenne
médicaments	marteau	vêtements
inflation	détective	spectacle
Espagnol	fauteuil	balustrade
nœud	température	modem
carte postale	catalogue	avocat
autocollant	lunettes de protec-	île
librairie	tion	alarme
blanchisserie	téléphone	service
lundi	ascenseur	garantie
village	badge	soirée
chute d'eau	note	plombier
photographie	concert	bulle
billet	locomotive	professeur
sirène	pieuvre	

Cet exercice relativement simple montre à quel point cette tactique peut être facile à mettre en œuvre. Frank souligne que cette technique s'applique encore mieux aux phrases entières, car elles cherchent à transmettre une idée complète et les mots s'enchaînent beaucoup mieux sous cette forme. Il n'est pas nécessaire de lire chaque mot pour saisir l'idée de la phrase. Enfin, il ajoute une troisième colonne de mots.

Une fois	vous	train
votre	œil	à
lire	cette	nouveau
manière	vous	trouver
que	il	est
pas	donc	difficile
à	faire	

Frank souligne qu'il est parfois possible de diviser les phrases en clauses qui s'accordent bien et peuvent être utilisées pour la lecture en groupe. Par exemple, « avant de prendre son petit-déjeuner, il a fait du jogging ». Cependant, toutes les phrases ne sont pas aussi bien découpées et les clauses varient en longueur. Certaines phrases sont incohérentes en raison de la variation de la longueur des mots. La division des mots et des phrases sur la page reste toutefois possible, à condition de faire preuve d'assiduité et d'une certaine créativité. En utilisant le « discours de Gettysburg » comme texte d'exemple, il montre comment vous pouvez le diviser en colonnes qui fonctionnent mieux, avec trois ou quatre mots par colonne.

Quatre points et	il y a sept ans	nos pères ont donné naissance à la Liberté,
sur ce continent	une nouvelle nation,	que tous les hommes
dévoués	à la proposition	
sont égaux.		

Nous sommes main-tenant impliqués	dans une grande guerre civile,	testant si cette nation, et ainsi de suite,
ou toute autre na-tion	ainsi conçue	sur un grand champ de bataille
peut durer long-temps.	Nous sommes réunis	pour dédier une partie
de cette guerre.	Nous sommes venus	pour ceux qui sont ici
sur ce champ,	comme lieu de repos final	pourrait vivre.
ont donné leur vie	que cette nation	que nous de-vrions
Il est tout à fait ap-proprié	adapté et adéquat	
faire ceci.		

Ron Cole préconise également ce style de lecture, en regroupant deux, trois, quatre et cinq mots pour développer et pratiquer cette compétence. Dans son livre *SuperReading for Success*, il décrit une méthode de lecture innovante et unique qu'il appelle le *Eye-Hop*. Il affirme que le simple fait d'utiliser davantage cette méthode se traduira par une augmentation du score d'efficacité de lecture des sujets. Ses méthodes sont similaires à l'exemple tiré du livre de Steven Frank, mais diffèrent en ce sens que Cole se concentre davantage sur les mots eux-mêmes que sur les colonnes dans lesquelles ils se trouvent. Il ne construit que deux colonnes de mots dans son livre, et la première ne comporte que des paires de mots. Un bref extrait sur l'astronomie fondamentale prépare le cerveau du lecteur à ce qui suit peu après. Le saut de trois mots détaille les explorations d'Ernest Shackleton et d'autres explorateurs célèbres au pôle Sud. Le saut de quatre mots raconte l'histoire de l'Optimiste et incite le cerveau à regrouper les mots. À ce stade,

Cole prédit que la plupart de ses lecteurs feront l'expérience de « la percée », sans prononciation, sans saisir le sens complet de la phrase. Si cela ne se produit pas au niveau des quatre mots, Cole garantit que ce sera le cas au niveau des cinq mots, étant donné le défi logistique que représente la prononciation de chacun des cinq mots en une demi-seconde. C'est là que se trouve l'objectif du « Ron Cole eye-hop ». En plus d'assurer le traitement de cinq mots à la fois, Ron Cole prévoit un taux de mémorisation de 75 % du contenu d'une manière générale, sans nécessairement le reproduire mot à mot. Il encourage à lire le plus rapidement possible tout en conservant au moins ce niveau de compréhension.

Suivez le texte avec un guide

Si cette longue digression et ce sujet ne vous conviennent pas, j'ai une bonne nouvelle à vous annoncer : il existe une autre méthode utile. Le méta-guidage existe depuis un certain temps et peut vous aider à atteindre l'objectif de lire cinq mots ou plus à la fois. Il s'agit de donner un rythme à votre œil en le guidant vers certains mots à l'aide d'un stylo, d'un crayon ou de votre doigt. En suivant votre œil et en standardisant le temps que vous passez sur chaque mot, vous pouvez faire en sorte que votre œil se déplace le long de la page. Ce n'est pas pour rien que les enfants utilisent cette technique lorsqu'ils apprennent à lire. Elle permet de passer d'un mot à l'autre tout en augmentant la vitesse de lecture et la mémorisation. Bien qu'à des fins différentes, les adultes peuvent également en bénéficier. La différence est que les adultes l'utilisent beaucoup plus rapidement, et c'est là que réside l'astuce. Plus vous progressez, plus vous déplacez rapidement votre doigt sur la page et la suivez des yeux, et plus vous lisez vite. Le doigt agit comme un traceur pour vos yeux, il leur donne le rythme et vous aide à vous concentrer d'un mot à l'autre.

Jordan Harry, remarquable entrepreneur de StudyFast, parle précisément de ce problème et explique que si vous vous fixez trop souvent sur chaque ligne, non seulement vous ralentirez votre lecture, mais vous fatiguerez également vos yeux. La familiarité atténue ce phénomène, dit-il, en augmentant l'efficacité des mouvements oculaires et en permettant une augmentation de la vitesse de lecture. Cette amélioration de l'efficacité dépend en partie de votre capacité à utiliser votre vision périphérique pour lire. Selon Harry, cela permet de réduire le nombre de fixations nécessaires par ligne à environ trois. Le fait de traiter plus d'informations en même temps devrait améliorer la qualité de l'image globale de l'information sans sacrifier la compréhension. Un travail régulier sur ces points devrait vous permettre de lire plus vite. Harry est peut-être l'enfant-vedette de la lecture rapide, puisqu'il n'a que 26 ans et qu'il a étendu StudyFast à 15 000 personnes dans 147 pays. Après avoir surmonté un trouble de l'élocution, il se targue aujourd'hui d'une vitesse de lecture de 1 500 mots par minute, soit la même vitesse que celle promise par ce livre. Il propose tout, des cours en ligne aux ateliers, en passant par les événements et les conférences. C'est vraiment impressionnant, compte tenu de son âge et de son enfance.

Jim Kwik préconise également le méta-guidage pour des raisons biologiques et développementales. Il explique que les enfants le font d'eux-mêmes jusqu'à ce qu'on leur apprenne à ne pas s'y fier. Vous le faites inconsciemment lorsque vous comptez des choses ou que vous avez besoin de vous concentrer sur ce que vous lisez. D'un point de vue évolutif, les yeux sont réglés pour percevoir le mouvement, ce qui est essentiel pour les techniques de chasse et de survie développées par nos ancêtres. Le rythme visuel améliore la concentration en attirant notre attention sur l'ensemble de l'information plutôt qu'en la segmentant. Il souligne également le lien inhérent entre la vue et le toucher, similaire à celui qui existe entre l'odorat et le goût. L'odorat est un élément important du goût, comme en témoigne le fait de manger n'importe quoi lorsqu'on est enrhumé. Votre nourriture n'a tout simplement pas le même goût. Il cite de nombreuses personnes qui disent qu'elles se sentent plus à l'écoute de leur lecture lorsqu'elles utilisent un guide visuel. L'élément le plus important de ce lien est peut-être le développement du braille, une lecture conçue pour les personnes aveugles. Leur sens du toucher devient en fait leur sens de la vue et tout le mécanisme par lequel ils lisent.

Pour ceux qui recherchent une technique simple de méta-guidage, contentez-vous de tracer chaque ligne avec un stylo, un crayon ou votre doigt. Si, en revanche, vous cherchez quelque chose de plus avancé que cela, voici un aperçu des attractions à venir. Dans le chapitre dix, intitulé *Apprendre plus vite grâce à des techniques d'apprentissage avancées*, vous trouverez les mouvements compliqués des mains mis au point par Evelyn Wood et publiés avec son guide révolutionnaire de lecture rapide en 1959. Considérée comme l'une des premières spécialistes documentées de la lecture rapide, elle décrit plusieurs mouvements uniques que l'on peut adopter pour lire plus vite, lesquels aident les yeux à assimiler plus rapidement les mots sur la page. Restez avec moi et lisez jusqu'à la fin, ne serait-ce que par curiosité.

Tirez parti des applications pour améliorer votre lecture

La présentation visuelle rapide en série (RSVP) est souvent utilisée par les applications qui aident à accélérer la lecture. En affichant des mots isolés sur l'écran devant vous, cette méthode évite à vos yeux de bouger. Cela réduit considérablement le temps nécessaire au traitement de l'information, à l'instar de l'expérience de traitement d'images du MIT. Au fur et à mesure que vous vous habituerez au système, l'application augmentera naturellement la vitesse à laquelle elle affiche les mots, ce qui, en théorie, augmentera votre vitesse de lecture. La vitesse à laquelle les mots apparaissent peut vous surprendre, au point que vous ne vous rendez pas compte que vous les comprenez. Cependant, le revers de la médaille est qu'étant donné la quantité de mots que vous voyez, votre mémoire de travail est surchargée. Les mots arrivent plus vite que vous ne pouvez les traiter, et vous en sautez certains ou ne les traitez tout simplement pas.

Si vous décidez d'opter pour des applications, BookRiot propose une liste d'applications qui permettent de réduire votre liste de lecture. Elles sont les suivantes : *Spreeder*, *Reedy*, *Read Me!*, *Speed Reading*, *Speed Reader*, *Quick Reader*, *Focus-Speed Reader*, *Seven Speed Reading App*, *Outread* et *Acereader iPad*. Les systèmes d'exploitation compatibles varient. Certaines ne fonctionnent qu'avec iOS, d'autres qu'avec Android, et quelques-unes sont pour les ordinateurs et les navigateurs. Certaines sont gratuites, tandis que d'autres sont payantes dans leur boutique d'applications respective. L'éventail est très large et je suis prêt à parier qu'il existe une application pour répondre à vos besoins, quelles que soient vos exigences. Si l'une d'entre elles vous convient, téléchargez-la et commencez à l'utiliser pour lire ! N'oubliez pas que de nouvelles applications sont développées chaque jour et que d'anciennes applications quittent le marché ; il se peut donc que certaines de ces applications aient disparu ou aient été remplacées au moment où vous lirez ces lignes.

Une autre application que BookRiot ne mentionne pas mais qu'un article de MindTools mentionne est *Spritz*. Utilisant un RSVP similaire, elle a été lancée avec beaucoup d'enthousiasme en 2014, et a même fait l'objet d'un article dans CNN Business qui détaillait les réactions des gens à son sujet, certains étant impressionnés, d'autres nauséeux. Sans vouloir faire de procès d'intention, *Spritz* compte quelques sceptiques, tout comme de nombreuses applications de RSVP sur le marché, y compris à l'époque *Velocity*. Une différence mineure, la présence d'un caractère rouge comme point focal, conduit à affirmer que Spritz capitalise plus efficacement sur le RSVP tout en maintenant la rétention parce que la lettre unicolore fait qu'il est plus facile de suivre. Selon le Medical Daily, cette affirmation est scientifiquement fondée, car le cerveau consacre 80 % de son temps à trouver le point de reconnaissance optimal d'un mot donné et 20 % à le lire réellement. Cela dit, l'expert en lecture rapide Scott Young juge cette affirmation improbable, étant donné que le cerveau ne peut saisir qu'un bout d'information de 3 à 5 mots à la fois. Selon lui, notre mémoire vive ne peut tout simplement pas supporter les niveaux de stimulation utilisés par *Spritz*. Il reproche également à *Spritz* de prétendre que des recherches soutiennent l'application, mais il n'a pas pu trouver de recherches crédibles, indépendantes et évaluées par des pairs pour étayer ses affirmations. Toutes ces applications ont un point commun. Vous pouvez prétendument lire à 1 000 mots par minute, mais vous risquez de perdre en compréhension et d'avoir la nausée. Le verdict : La technologie RSVP n'est pas ce qu'elle prétend être.

Un document de conférence publié en 2000 par l'université de Manchester, en Angleterre, a conclu à ce même compromis. Il admet la valeur de cette technique pour faciliter la navigation et la recherche d'informations, mais elle implique une baisse de la compréhension. Le système de traitement de l'information visuelle humaine limite son utilisation et, à l'époque, le document ajoutait qu'il restait encore beaucoup à comprendre avant de pouvoir l'utiliser largement et solidement dans des applications pratiques.

Évitez la régression grâce à une meilleure concentration

Toutes ces pratiques, en particulier celles qui sont efficaces, supposent que vous ne fassiez pas de pause ou que vous ne régressiez pas au cours de votre lecture. Le fait d'arriver à la fin d'une page ou à la moitié d'un article et de réaliser que vous n'avez pas assimilé ce que vous avez lu vous oblige généralement à revenir en arrière et à relire. De même, le fait de rencontrer un mot dont vous ne vous souvenez pas vous oblige à vous arrêter et à revenir à la technique que vous utilisiez lorsque vous étiez enfant. Il faut le relire pour le replacer dans son contexte et essayer d'en comprendre le sens. Dans le cas de lectures plus difficiles, ce phénomène est plus fréquent.

Jordan Harry, l'entrepreneur susmentionné et champion de l'efficacité de la lecture rapide, incrimine un manque de concentration plutôt qu'un manque de compréhension. Les distractions en sont la cause principale, même lorsque nous pensons avoir lu avec assiduité. Qu'il s'agisse d'un commentaire d'une personne assise dans la même pièce, d'un message sur votre téléphone ou d'une pensée errante, nous nous laissons distraire beaucoup plus facilement et fréquemment que nous ne voulons l'admettre.

Comment changer cela ? Vous pouvez commencer par raviver votre intérêt pour ce que vous lisez. « Lorsque notre cerveau s'égare, c'est parce que nous sommes devenus passifs. Nous devons être curieux », explique Harry. Faites preuve d'une curiosité active, puisez dans votre enfant intérieur, celui qui demande : « Mais qu'est-ce que ça veut dire ? » et « Qui est-ce ? ». Harry recommande également de se poser les questions suivantes : « Qu'est-ce que je cherche ? » et « Quels sont les mots clés et les chiffres que je dois trouver ? » Vous pouvez également vérifier à quelques minutes d'intervalle et vous demander simplement : « Qu'ai-je appris jusqu'à présent ? ».

Ne faites pas de fixation

Outre la régression, l'autre mauvaise habitude à éviter est la fixation. Elle se produit lorsque nos yeux s'accrochent à un mot ou à une phrase que nous lisons sur une page. Souvent associée à la régression, la fixation nous fait nous attarder sur des points aléatoires, ce qui ralentit notre vitesse de lecture. Plutôt que de revenir en arrière et de relire, la fixation nous fige pendant que nous réfléchissons à la signification d'un mot ou d'une phrase. Harry renvoie tous ceux qui veulent bien l'écouter au méta-guidage. Il s'agit d'un outil que nous utilisons pendant que nous lisons et qui nous aide à maintenir notre vitesse de lecture. Souvent, nous ne nous rendons pas compte que nous lisons trop vite ou trop lentement avant qu'il ne soit trop tard et que nous ayons perdu de la mémoire ou de la vitesse. Harry fait également l'éloge du méta-guidage, qui force nos yeux à lire plus vite.

Une autre mauvaise habitude à laquelle il faut faire attention lorsque l'on lit plus vite est la lecture incontrôlée. Qu'est-ce que cela signifie ? La lecture incontrôlée consiste à ne pas lire délibérément à une certaine vitesse. Cela peut s'appliquer aussi bien à la lecture rapide qu'à la lecture lente. Lorsque vous vous laissez emporter par un livre et que vous tournez les pages de plus en plus vite parce que vous êtes captivé par le texte, il s'agit d'une lecture incontrôlée. Lorsque votre lecture s'arrête brutalement et que vous vous acharnez sur chaque phrase pour essayer de tout comprendre, il s'agit également d'une lecture incontrôlée. Ce phénomène est en partie naturel, car certains textes se lisent naturellement plus vite ou plus lentement. L'astuce consiste à essayer de modérer la vitesse de lecture, en maintenant un équilibre entre vitesse et modération lorsque le texte l'exige. Un article publié sur le site web *Develop Good Habits* réfute l'idée fausse selon laquelle la vitesse est l'élément central de la lecture rapide et encourage à mettre l'accent sur le contrôle. L'aspect de la vitesse contrôle une partie de la façon dont nous lisons et constitue une capacité supplémentaire, et non l'essence même de la lecture rapide.

Ne tenez pas compte des mots sans importance

Ce même article, intitulé *How to Read Faster : 9 Steps to Increase your Speed in 2020* (*Comment lire plus vite : 9 étapes pour augmenter votre vitesse en 2020*), offre la plupart des conseils que nous avons déjà vus : réduire la subvocalisation, établir une base de référence, méta-guider, minimiser le mouvement des yeux, écrémer et repérer, et s'engager à pratiquer et à évaluer sa vitesse. Cependant, il offre un conseil intéressant et apparemment négligé. Il s'agit de sauter les petits mots sans importance. Partant du principe que gagner trente secondes de plus par page équivaut à une heure et demie à long terme, l'article suggère de négliger les petits mots tels que les articles et les prépositions. Vous savez, des mots qui vous seraient bien plus utiles dans une partie de Scrabble. La logique est que leur contribution à l'ensemble du texte est au mieux minime. Dans les rares cas où ils sont nécessaires, le contexte de la phrase remplit généralement le vide pour vous. Par exemple, prenez cette dernière phrase et supprimez les petits mots : dans, les, le, de, la, le, pour. Une diminution de 19 à 12 mots ne semble pas très importante, mais lorsque chaque phrase est réduite presque de moitié, alors cela a de l'importance. Vous pouvez parcourir chaque phrase deux fois plus vite et conserver l'essentiel de ce qu'elle transmet.

Si, pour une raison ou pour une autre, cette façon de penser ne vous convient pas, inversez-la. Plutôt que d'éliminer les mots les moins utiles, concentrez-vous sur la recherche des mots clés d'une lecture. Pour en revenir à la grammaire de base, trouvez le sujet et le verbe de la phrase. Il y a presque toujours plus que ces éléments dans une phrase, sauf si l'on prend, par exemple, la phrase simple « j'ai couru ». L'identification de ces éléments vous donnera cependant des indices importants. La lecture d'une phrase commençant par « l'auteur a démontré » aidera vos yeux à chercher la troisième partie cruciale d'une phrase, l'objet. Qu'est-ce que l'auteur démontre ? Reconnaître les trois éléments constitutifs d'une phrase vous aidera à traiter la phrase plus rapidement et vous permettra de vous concentrer sur son contenu. Si vous le souhaitez, une analyse grammaticale plus poussée peut vous aider à distinguer les clauses dépendantes des clauses indépendantes, ce qui vous permettra d'aller plus rapidement à l'essentiel d'une phrase.

Même sans connaissances grammaticales ni évaluation d'une phrase, vous pouvez faire comme Abby Marks Beale et vous contenter d'observer les mots qui ne servent pas uniquement à structurer la phrase. Elle donne un paragraphe à ses lecteurs et leur demande de le lire comme d'habitude. Elle leur demande ensuite de ne lire que les mots en gras. Votre œil se focalisera naturellement sur eux, mais pas au détriment des autres mots, moins importants. Vous les voyez toujours, dit-elle, mais vous ne les lisez pas, ce qui déclenche le processus d'élargissement de votre vision périphérique. Voici le paragraphe que j'ai mentionné, pour votre propre intérêt.

« La **meilleure façon** d'**y parvenir** est de **lire les mots** et/ou les **phrases clés**. Les **mots clés** sont les **mots les plus grands et les plus importants** d'une **phrase**, **tout comme** les **titres** d'un **journal fournissent** l'**essentiel** du **contenu**. **Apprendre** à **arrêter** vos **yeux** sur les **mots** qui ont **généralement trois lettres** ou **plus** et sur ceux qui **ont** le **plus de sens** dans une **phrase**. »

Beale propose également une alternative. Plutôt que de choisir des mots, elle suggère de choisir des groupes de mots qui forment une pensée. Elle fournit un autre paragraphe qui contient deux phrases avec des barres obliques divisant les pensées. Elle invite son lecteur à parcourir le paragraphe en ignorant les barres obliques la première fois et en les utilisant la seconde. Cette méthode et celles mentionnées ci-dessus constituent des méthodes de lecture active qui exigent que le lecteur se concentre sur ce qu'il lit et sur la façon dont ses yeux se déplacent sur une page donnée. Voici le deuxième exemple, toujours pour votre propre intérêt.

« En outre, les phrases contiennent des groupes de mots/ qui forment une pensée./ La recherche de ces groupes de pensées/ favorise une plus grande portée visuelle/ tout en permettant une meilleure compré-hension/ du support. »

Comme pour toute chose, l'apprentissage de ces techniques prend du temps. Cependant, avec un peu de dévouement et de pratique, vous pouvez les adopter et les utiliser pour vous-même assez rapidement. Il s'agit de conditionner vos yeux et votre cerveau à agir d'une certaine manière et à répondre à certains stimuli.

Résumé du chapitre

♦ Avant de commencer à lire, fixez-vous un objectif et gardez-le à l'esprit tout au long de votre lecture. Cela vous rappellera pourquoi vous lisez et vous aidera à re-chercher des mots et des phrases qui vous permettront d'atteindre votre objectif.

♦ L'écrémage facilite cette pratique, car il peut vous aider à faire abstraction des sections moins importantes. Il peut également vous donner un aperçu de ce que vous lisez.

♦ Lors de l'écrémage, la subvocalisation devient un obsta-cle à une lecture plus rapide. Mais plutôt que de chercher à l'arrêter, essayez de prendre une nouvelle habitude pour la remplacer.

- Lisez des groupes de mots plutôt que des mots isolés. En lisant trois, quatre, cinq, ou n'importe quel nombre de mots à la fois, vous pouvez réduire le temps passé sur chaque mot.

- Il existe plusieurs tactiques pour vous aider à développer cette compétence. Steven Frank met en place des colonnes simplistes pour que vous entraîniez vos yeux à ne suivre que la colonne du milieu, tout en étant capable de lire les colonnes de gauche et de droite.

- Ron Cole a atteint un objectif similaire avec sa marque de fabrique « eye-hop », qui consiste à passer du premier mot au deuxième, puis au troisième, au quatrième et au cinquième. Il affirme que ses lecteurs feront l'expérience d'une percée au quatrième ou au cinquième *eye-hop*, car dans la demi-seconde que prend votre œil pour passer du premier au dernier mot, votre cerveau ne peut tout simplement pas prononcer tous les mots entre les deux. Néanmoins, vous comprenez toujours l'essentiel du groupe de mots.

- Le méta-guidage suit le mouvement de vos yeux sur la page et modère votre lecture en normalisant le rythme. Utilisez votre doigt, un stylo, un crayon ou autre chose pour guider votre regard.

- Les experts adorent cette technique, en particulier le jeune phénomène Jordan Harry, qui, à l'âge de 26 ans, est devenu entrepreneur et a développé StudyFast, une société basée au Royaume-Uni, dont il est le directeur général. StudyFast reprend les principes de base de la lecture rapide et les adapte pour que ses quelque 15 000 clients répartis dans 147 pays puissent étudier plus vite.

- Le méta-guidage peut également compter sur Jim Kwik, qui en annonce l'efficacité parce qu'il s'agit d'une chose naturelle. Les enfants le font, vous le faites sans vous en rendre compte, et c'est un instinct biologique qui nous pousse à nous concentrer sur le mouvement depuis l'époque où nous étions chasseurs et proies. Il souligne également le lien inhérent entre la vue et le toucher, similaire au goût et à l'odorat, et utilise le système de lecture en braille comme exemple. En vous faisant prendre conscience de tout ce qui entre en jeu dans la lecture, il énumère également les mesures à prendre pour vous aider, à commencer par l'examen de vos yeux et le port de vos éventuelles lunettes de lecture. Parmi les autres recommandations, gardez votre environnement froid pour aiguiser votre concentration, gardez-le positif avec des ancres pour encourager votre subconscient, lisez à la lumière naturelle lorsque c'est possible, écoutez de la musique à la vitesse d'un rythme cardiaque naturel de 60 battements par minute, adoptez une bonne posture, avec votre corps et le livre, restez hydraté et utilisez l'ensemble de votre cerveau.

♦ La présentation visuelle rapide en série (RSVP) est généralement fournie avec le dernier logiciel ou la dernière application de lecture rapide. En plaçant les mots un par un à un endroit de l'écran, elle évite à vos yeux de se déplacer sur la page et peut accélérer votre vitesse de lecture. Elle peut toutefois entraîner une surcharge de la mémoire de travail et nuire à la mémorisation.

♦ La technologie RSVP est l'une de ces tendances qui ont pris de l'ampleur à différents moments dans les années 2010, et il en existe des dizaines, toutes un peu différentes, qui prétendent être la solution miracle à la lecture rapide. Il en existe des dizaines, toutes un peu différentes, qui prétendent être la solution miracle pour la lecture rapide. Elles sont les suivantes : *Spreeder*, *Reedy*, *Read Me!*, *Speed Reading*, *Speed Reader*, *Quick Reader*, *Focus-Speed Reader*, *Seven Speed Reading App*, *Outread* et *Acereader iPad*. Elles peuvent vous aider à lire plus vite, mais c'est un peu de la triche, car il ne s'agit pas d'un texte pratique et vous ne voyez qu'un seul mot à la fois.

♦ Comme dans tout guide pratique, il y a des choses à éviter. La régression est le fait de revenir en arrière et de relire ce que l'on aurait dû lire, ce qui ralentit considérablement la lecture. Selon Jordan Harry, ce phénomène est dû à un manque de concentration. Son remède ? Renouvelez votre intérêt pour ce que vous lisez. Piquer votre curiosité permet d'atténuer les distractions et d'éviter la lecture passive.

♦ La fixation peut également interrompre votre lecture, car vos yeux s'arrêtent sur certains mots ou certaines phrases. Harry recommande le méta-guidage pour garder les yeux en mouvement.

♦ Concentrez-vous sur le contrôle de votre vitesse, en évitant d'aller trop vite ou de trop ralentir. La vitesse moyenne est essentielle à la lecture rapide. Il ne sert à rien de lire certaines sections à une vitesse de 1 000 mots par minute lorsque la suivante tombe à 200 mots par minute. Votre vitesse moyenne tombe alors à 600 mots par minute, ce qui constitue une vitesse de lecture rapide, mais ne correspond pas à l'objectif que vous avez pu vous fixer.

♦ Sautez les mots sans importance pour vous aider à lire rapidement les phrases. Certains mots sont techniquement nécessaires mais n'apportent pas grand-chose à une phrase, surtout lorsque le contexte suffit amplement. Les petits mots comme si, est, donc, le, à et autres ne font qu'entraver vos efforts pour gagner du temps. Il s'agit d'une compétence différente qui prend du temps à développer, mais qui peut vous aider à atteindre votre objectif de lire plus vite.

♦ À l'inverse, concentrez-vous sur les mots clés pour faciliter votre compréhension. Souvent, il est plus facile de faire quelque chose de positif que d'éliminer quelque chose de négatif.

♦ En outre, vous pouvez regrouper des parties de phrases en pensées afin de diviser la phrase en moins de parties à comprendre, en utilisant la capacité de votre œil à assimiler plusieurs mots à la fois.

- ◆ Si vous détestez la grammaire, Abby Marks Beale propose une méthode pour retenir les mots importants. Concentrez-vous sur la lecture de mots de trois lettres ou plus et passez de l'un à l'autre aussi rapidement que possible. Elle suggère également de regrouper les mots en pensées singulières. Ces groupes de quatre, cinq ou autant de mots peuvent être traités comme un tout et vont naturellement ensemble, ce qui, selon elle, facilite la compréhension des phrases en plus petites parties.

Ces conseils vous aideront à améliorer votre vitesse de lecture. Le chapitre suivant vous apportera des compétences complémentaires pour mieux vous aider dans la compréhension de la lecture. Car à quoi bon lire rapidement si l'on ne comprend pas ? N'importe qui peut feuilleter des pages rapidement. En plus de cela, un véritable maître comprendra presque complètement ce qu'il lit.

Chapitre six

Compréhension de la lecture

Vous est-il déjà arrivé de feuilleter sans réfléchir les pages d'un livre que vous n'avez vraiment pas envie de lire ? Il s'agit peut-être d'un manuel ou d'une lecture obligatoire ? C'est en fait ce que vous faites lorsque vous essayez de lire rapidement sans vous concentrer sur la compréhension. Il y a une différence considérable entre lire à grande vitesse mécaniquement sans raison particulière et comprendre ce que vous lisez. De même, il y a une différence entre lire un texte et le comprendre. Lorsque vous lisez à grande vitesse, votre objectif ne doit pas être d'aller le plus vite possible, en particulier si vous apprenez une nouvelle compétence. Il est important que vous compreniez le texte que vous consommez, en particulier si vous vous efforcez d'acquérir des connaissances.

Cela peut sembler étrange ou contre-intuitif, mais une tactique qui aide à la compréhension de la lecture consiste à ne pas se contenter de lire les mots sur la page. Visualisez ce que vous lisez. Il existe une notion de visualisation et de compréhension dynamique, ce qui signifie qu'en lisant, vous formez des images visuelles, au lieu de répéter les mots dans votre tête ou de vous « écouter » mentalement. Si vous y parvenez, votre lecture sera plus efficace. Si vous lisez une histoire, vous avez l'impression d'être « à l'intérieur » de l'histoire. Si vous absorbez des faits, par exemple à propos d'un nouvel appareil mécanique, votre lecture vous permettra en fait de visualiser le fonctionnement de cet appareil. La visualisation est à la base de la condition humaine. La vue est donc une fonction et un outil essentiels que nous devons utiliser à notre avantage.

D'autre part, nous apprenons à utiliser la langue comme un outil, ce qui la rend quelque peu artificielle dans le développement humain. Il faut un effort conscient et délibéré pour intégrer le langage dans notre éventail de compétences en tant qu'êtres humains. Différents groupes de personnes provenant de différents endroits du monde ont développé le langage comme une série de signes et de symboles pour communiquer ou constater. Ces signes, symboles et sons ont une relation arbitraire avec leur signification, ce qui explique pourquoi il existe tant de langues différentes. C'est cette nature arbitraire qui rend les langues difficiles à apprendre, même si nous avons une capacité innée à les apprendre comme un impératif de communication. Nous traduisons constamment pour comprendre le langage.

Afin de comprendre efficacement tout en lisant rapidement, vous devez « traduire » le langage des mots en langage de l'esprit, à savoir la visualisation. Si vous pouvez adapter ce processus quelque peu abstrait à vos pratiques de lecture, vous constaterez que votre compréhension de la lecture peut augmenter de 30 % ou plus. Ainsi, en rapprochant l'aspect mécanique de la lecture de celui de l'esprit humain, vous pouvez maximiser à la fois la lecture et la compréhension. Vous triplerez facilement votre vitesse de lecture et vous vous souviendrez efficacement de tout ce que vous lisez.

Cet objectif semble particulièrement ambitieux. Pouvez-vous vraiment en arriver à lire plus de 900 mots par minute et à tous les retenir ? Ne vous laissez pas décourager par le fait d'essayer de tout retenir. Si vous essayez de mémoriser tout le livre, vous n'y parviendrez probablement pas. Si certaines personnes poussent la lecture rapide à l'extrême, d'autres essaient de pousser la mémorisation à l'extrême. À moins d'avoir une mémoire eidétique, également connue sous le nom de mémoire photographique, vous échouerez, même si c'est de justesse. Le plus souvent, vous serez frustré et envisagerez d'abandonner parce que vous n'aurez pas tiré le meilleur parti de votre temps et de vos lectures. Plutôt que de chercher à obtenir une image complète de ce que vous lisez, lorsque vous lisez pour acquérir des connaissances, vous le faites pour former des modèles mentaux dans votre esprit. Un modèle mental est essentiellement la vision que quelqu'un a d'un certain concept, qu'il fonctionne et s'aligne ou non sur la réalité physique. Ainsi, lorsque vous lisez, vous développez votre compréhension d'un nouveau concept ou vous corrigez votre compréhension d'un ancien concept, ce qui rend votre perspective antérieure plus nuancée et plus compliquée. Au fur et à mesure que vous lirez, vous remarquerez que les auteurs sont souvent redondants. En fait, plusieurs livres contiennent les mêmes informations qui se recoupent. Les auteurs d'une même catégorie font souvent référence les uns aux autres ou se citent mutuellement. Toute cette redondance vous permettra d'assimiler les informations et résoudra automatiquement vos problèmes de rétention. Concentrez-vous donc sur la lecture d'un plus grand nombre de livres et ne vous arrêtez jamais.

Ne pas connaître la signification d'un mot peut ralentir votre lecture et rendre encore plus difficiles vos efforts pour lire rapidement. L'un des secrets pour surmonter ce problème peut sembler évident, mais nécessite un effort concerté. L'enrichissement du vocabulaire permet d'élargir la gamme des mots que vous pouvez comprendre facilement, mais il faut faire preuve de diligence pour intégrer les nouveaux mots dans l'usage quotidien. Plus votre vocabulaire est riche, moins vous devrez vous arrêter pour chercher le sens des mots inconnus. Apprenez le sens des nouveaux mots lorsque vous avez du temps libre. Cela renforcera à la fois vos compétences en lecture et votre intelligence générale. De la même manière que vous vous êtes fixé un objectif pour votre lecture rapide, vous pouvez vous fixer pour objectif d'apprendre un certain nombre de mots par jour ou par semaine. Très vite, si vous ajoutez trois nouveaux mots par jour à votre vocabulaire, par exemple, vous verrez que votre répertoire de mots s'élargit considérablement. Il existe de nombreuses méthodes excellentes pour apprendre un nouveau mot par jour. J'utilise, par exemple, le courrier électronique quotidien *Word Genius Word of the Day* (le mot du jour). Si vous en trouvez deux, trois ou autant que vous voulez, utilisez-les pour compléter et enrichir votre vocabulaire au fil des jours. Parallèlement, vous trouverez de moins en moins de mots que vous ne reconnaîtrez pas dans vos lectures, ce qui augmentera automatiquement votre vitesse de lecture.

Une astuce moins destinée à améliorer votre vitesse de lecture globale qu'à renforcer votre capacité de rétention lorsque vous lisez, consiste à jouer au jeu du « rappel ». À la fin de chaque page d'un livre ou de quelques paragraphes d'un article, faites une pause et rappelez-vous ce que vous venez de lire. Écrivez quelques mots clés dans la marge pour résumer ce que vous venez de lire. Cela vous sera utile pour plusieurs raisons. Tout d'abord, vous assimilez à nouveau les informations contenues dans la page. Cet acte conscient de rétention améliorera votre compréhension presque automatiquement. Deuxièmement, le fait de formuler les informations avec vos propres mots démontre que vous les comprenez et que vous les maîtrisez dans une certaine mesure. Chacune de ces techniques constitue un aspect de la lecture active. En vous remémorant, en faisant des pauses ou en prenant des notes plutôt qu'en absorbant passivement des informations, vous restez impliqué dans ce que vous lisez.

L'environnement dans lequel vous essayez de lire est peut-être le facteur le plus important pour la compréhension de la lecture. Êtes-vous dans un endroit calme où vous pouvez vous concentrer ? Ou êtes-vous dans un endroit bruyant, avec plus de distractions que vous ne pouvez en supporter ? Ce n'est pas pour rien que les bibliothèques sont si calmes et que les bibliothécaires font respecter ce silence avec tant d'acharnement. Il est tout simplement plus facile de rester concentré et de ne pas se laisser distraire lorsqu'il ne se passe pas grand-chose autour de soi. Je dois cependant faire une concession : dans un environnement silencieux, chaque bruit et chaque distraction sont amplifiés. Un éternuement ou un choc contre une étagère, quelle qu'en soit la source, peut être entendu par tout le monde et provoquer le regard de la honte de la part de tous ceux qui peuvent vous voir. Néanmoins, il est plus facile d'ignorer les distractions quand elles sont moins nombreuses. Comparée à un café ou à votre trajet matinal en train ou en bus, une bibliothèque est un sanctuaire de silence. Cela ne veut pas dire qu'il est impossible de se concentrer dans un tel environnement, mais c'est nettement plus difficile. Vous devez faire preuve de beaucoup plus de discipline et d'entraînement pour ne pas vous laisser distraire. Soyez attentif à l'endroit où vous vous trouvez et au type de personne que vous êtes lorsqu'il s'agit de vous concentrer. Trouvez l'environnement qui vous convient le mieux et lisez-y autant que possible.

Tout comme vous limitez les distractions externes que vous ne pouvez pas nécessairement contrôler, éliminez celles sur lesquelles vous avez un contrôle total. Certaines personnes aiment lire avec un bruit de fond, comme de la musique ou un bruit ambiant. Cela peut sans aucun doute vous aider, en vous donnant quelque chose à bloquer intentionnellement, si c'est ainsi que vous choisissez de voir les choses. Si cela vous convient, je vous encourage à l'essayer ou à l'adopter. Cependant, soyez conscient de l'impact de l'appareil qui émet ce bruit sur votre productivité. Nos appareils électroniques tels que nos téléphones portables, nos tablettes ou encore nos ordinateurs, ont tellement de fonctionnalités à notre époque. Il y a fort à parier que l'appareil que vous utilisez pour mettre de la musique ou diffuser un bruit ambiant émettra une notification ou une sonnerie pour solliciter votre attention. Je comprends qu'il faille parfois être connecté pour obtenir des mises à jour importantes, mais autant que possible, essayez de faire taire ou d'ignorer ces petites interruptions gênantes. Consacrez du temps uniquement à la lecture et bloquez les bruits de notre monde numériquement interconnecté pendant un certain temps. Non seulement cela vous aidera à vous concentrer, mais cela vous procurera un temps de méditation, car vous apaiserez votre cerveau des stimulations constantes. Vous vous surprendrez peut-être à lire dans ce but autant que pour le plaisir de lire. Vous remarquerez également que vous comprenez mieux lorsque vous faites un effort concerté pour vous concentrer sur votre lecture.

Plus que toute autre chose, le fait de mettre à l'épreuve votre compréhension de la lecture la renforce, tout comme n'importe quel exercice conçu pour tester et développer un certain muscle. Cela vaut aussi bien pour la vitesse de lecture que pour la compréhension. Vous pouvez tout à fait lire à vitesse réduite si vous voulez vous attaquer à une lecture difficile ou nouvelle. En fait, je vous encourage à le faire de temps en temps. Ainsi, lorsque vous lirez plus rapidement un texte similaire ou apparenté, vous pourrez le faire en sacrifiant moins de rétention. Mettre à l'épreuve votre compréhension de la lecture n'aidera pas directement votre lecture rapide, mais cela améliorera votre lecture globale et votre capacité à vous souvenir des informations lorsque vous appliquerez les techniques de lecture rapide.

Résumé du chapitre

- ♦ Il y a une différence entre lire rapidement pour accélérer la lecture d'un texte et lire rapidement tout en se concentrant sur la rétention des informations.
- ♦ La visualisation peut aider à la rétention en construisant une perspective plus large de l'information et en s'adaptant à notre nature visuelle.

♦ N'essayez pas de tout retenir. Même les meilleurs lecteurs rapides, ou les lecteurs en général, ne peuvent pas se souvenir de la totalité de ce qu'ils lisent. Ils n'en retiennent qu'un pourcentage, compris entre 60 et 85 % pour les lecteurs rapides les plus compétents. Au lieu de cela, ils forment des modèles mentaux fonctionnels qui amélioreront leur compréhension antérieure ou en développeront de nouvelles.

♦ Enrichissez votre vocabulaire afin de réduire le nombre de mots que vous ne connaissez pas lorsque vous lisez.

♦ Jouez au jeu du « rappel ». De temps en temps, dans un texte, faites une pause et souvenez-vous de ce que vous venez de lire. Si vous le souhaitez, laissez une note dans la marge. Une lecture active de ce type favorise une meilleure compréhension de ce que vous lisez, car vous traitez l'information plusieurs fois.

♦ L'endroit où vous lisez a une grande importance. Pensez à vous et à votre capacité d'attention. Essayez de lire dans un environnement qui correspond à vos caractéristiques et à vos objectifs de lecture.

♦ Mettez votre compréhension de la lecture à l'épreuve lorsque vous le pouvez, à la fois à des vitesses élevées et à des vitesses normales. Lire avec l'intention d'en tirer le meilleur parti vous aidera à lire plus vite, même si cela n'augmentera pas nécessairement votre vitesse de lecture. Le développement de votre compréhension de base de la lecture facilite la rétention lors de la lecture rapide.

Ce chapitre devrait vous aider à améliorer votre compréhension de la lecture. Dans le chapitre suivant, vous apprendrez pourquoi vous devriez consacrer une partie de votre temps libre à la lecture, en particulier si vous trouvez cela laborieux. Après tout, plus vous lisez, plus vous vous améliorez, surtout si vous lisez activement et en pleine conscience. C'est d'autant plus vrai si vous vous efforcez d'augmenter votre vitesse de lecture.

CHAPITRE SEPT

Lire plus pendant son temps libre afin de lire plus vite

C ertaines personnes ont plus de facilité que d'autres à faire les choses. Si ce n'était pas le cas, nous ferions tous partie d'équipes sportives professionnelles ou d'orchestres symphoniques, ou encore nous serions tous de grands écrivains. En réalité, certaines personnes sont naturellement plus douées que d'autres pour certaines choses. C'est pourquoi vous ne me verrez jamais essayer d'affronter Lebron James lorsqu'il se fraye un chemin vers le panier. Il me faudrait déployer des efforts considérables pour avoir l'air un tant soit peu moins impuissant dans ce scénario. De la même manière, si vous trouvez que la lecture demande un effort, vous voudrez naturellement en faire moins. Cependant, si vous voulez lire davantage, vous devez passer plus de temps à lire des livres que vous aimez et que vous trouvez intéressants. Mais ce n'est pas tout. En choisissant des ouvrages faciles à comprendre, vous évitez de vous épuiser rapidement. C'est en tout cas par là qu'il faut commencer. Rappelez-vous que le fait de mettre à l'épreuve votre propre compréhension peut améliorer votre rétention lors de la lecture rapide. Néanmoins, ce n'est pas pour rien que l'on conseille de lire des livres destinés aux enfants pour apprendre une nouvelle langue. Ils se lisent rapidement, demandent peu d'efforts pour les suivre et contiennent des mots que vous connaissez probablement déjà, même s'ils sont écrits dans une autre langue. Pour les mêmes raisons, sans la traduction, vous pouvez commencer par des lectures rapides comme Harry Potter pour renforcer votre confiance et votre plaisir de lire.

Stephen Krashen, pionnier des méthodes d'acquisition des langues secondes, a mené des recherches approfondies en tant que linguiste sur les différentes formes d'apprentissage des langues. Il a été le fer de lance dans l'évolution des anciennes approches centrées sur les règles vers des approches centrées sur le sens, en particulier l'enseignement communicatif des langues, qui est aujourd'hui l'approche la plus largement acceptée. En outre, il a développé une hypothèse controversée, mais bien connue, concernant l'apprentissage des langues. Cette hypothèse soutient que, lors de l'apprentissage d'une nouvelle langue, il est nécessaire d'accepter des volumes élevés d'informations (*input*) à un niveau compréhensible. L'application à la lecture régulière, plutôt qu'à l'acquisition de nouvelles compétences linguistiques, réside dans le fait que si vous comprenez moins de 95 % du texte, il vous sera trop difficile de maintenir votre motivation pour continuer à lire. À bien y réfléchir, c'est tout à fait logique. La difficulté à comprendre quelque chose vous empêche d'apprécier la lecture et peut vous frustrer ou vous dissuader de continuer. Si vous avez besoin d'un exemple concret, rappelez-vous un livre particulièrement alambiqué que vous avez lu en cours de français et les thèmes, les motifs et le développement des personnages que votre professeur avait intelligemment mis en évidence et que vous n'aviez tout simplement pas saisi. Ou peut-être avez-vous lu un article dans une publication de haut niveau et vous êtes-vous perdu dans les nuances d'un sujet particulier que vous ne connaissez que très peu.

Là encore, cela semble beaucoup plus facile à dire qu'à faire. Reconnaissez que l'intention et l'action sont deux choses très différentes et que l'une ne constitue pas l'autre. Il arrive que l'intention ne se transforme pas en action. Parfois, c'est par manque de motivation, d'autres fois par manque de savoir-faire. Je ne peux pas faire grand-chose dans le premier cas, mais pour aider dans le second, voici quelques suggestions pour lire davantage.

Concentrez-vous sur l'acquisition de cette habitude. La lecture est une compétence. Les compétences prennent du temps à se développer et n'apparaissent pas du jour au lendemain. Lorsque vous débutez, vous devez avant tout vous efforcer de prendre l'habitude de lire. Gardez des attentes réalistes et évitez de vous faire trop d'illusions. Basez vos attentes sur votre situation actuelle, pas nécessairement sur celle que vous espérez, et fixez des objectifs sans les rendre irréalisables. Si vous vous fixez des objectifs irréalistes, vous allez vous planter. Si vous n'atteignez pas votre objectif, vous vous découragerez et risquerez de perdre l'habitude avant de l'avoir vraiment prise. Concentrez-vous donc d'abord sur la création de l'habitude. Dites-vous que vous allez lire une heure par jour, quoi qu'il arrive. Ou si cela vous semble trop ambitieux, commencez par quinze minutes par jour. Quoi qu'il en soit, progressez jusqu'à votre objectif de temps de lecture. Atteindre un plus grand nombre de petits objectifs plutôt qu'un plus petit nombre de grands objectifs ne vous apportera peut-être pas autant de satisfaction momentanée, mais vous permettra d'accroître lentement mais sûrement votre confiance en vous et vos capacités. Une fois que vous aurez pris de l'élan, vous vous apercevrez que vous devenez plus rapide.

Réduisez la barrière à l'entrée. En tant qu'êtres humains, nous sommes passés maîtres dans l'art de la procrastination, ce qui peut sembler étrange puisque la procrastination consiste à ne rien faire et à remettre à plus tard ce que l'on devrait faire. Nous trouvons toutes sortes de raisons pour éviter de faire quelque chose, même si nous savons qu'il vaudrait mieux s'y mettre. Pour lutter contre ce phénomène, nous devons éliminer les résistances. L'un des moyens d'y parvenir est de faciliter le démarrage de l'activité. Rendez la lecture si facile qu'elle devient presque inévitable. Développez des routines qui vous amènent à lire. Vous pouvez lire pendant un certain temps lorsque vous rentrez chez vous à la fin de la journée, car la lecture peut détendre votre cerveau. Encouragez votre lecture d'une manière ou d'une autre. Y a-t-il une activité particulière que vous aimez faire ou une chose que vous aimez avoir à un moment donné de la journée ? Peut-être aimez-vous regarder la télévision le soir ou manger un dessert après le dîner ? Le fait de lire au préalable pourrait vous apporter une satisfaction supplémentaire, ce qui les rapprocherait encore plus de la lecture. De plus, si vous avez l'impression que regarder la télévision vous empêche de lire, le fait de le faire avant réduirait considérablement votre culpabilité à regarder la télévision plutôt qu'à lire. Si la routine ou l'incitation ne vous conviennent pas, vous pouvez laisser un livre ou une liseuse Kindle dans votre salle de bain ou ailleurs, ce qui transformera les périodes d'inactivité en temps de lecture potentiel. De cette manière, vous pouvez vous accorder au moins 5 à 10 minutes de lecture chaque matin. Une autre astuce consiste à laisser le livre que vous voulez lire sur le canapé, ouvert à la page en cours. Il faudrait que vous choisissiez activement de ne pas lire, en prenant le livre et en le déplaçant, alors qu'il suffirait simplement de le saisir pour commencer la lecture. S'il existe une plus petite barrière à l'entrée que celle-ci, je ne la vois pas.

Ceci s'applique à condition que le livre que vous choisissiez de prendre soit un livre que vous lisez pour le plaisir. Ayez des livres que vous avez vraiment envie de lire, ce qui vous encouragera à consacrer du temps à leur lecture. Réfléchissez à ce qui vous intéresse le plus. Il y a peut-être des personnes que vous admirez ou que vous suivez dans le domaine public. Choisir leur autobiographie, s'ils en ont une, pourrait vous inciter à la lire. Un livre sur leur vie pourrait vous inciter à tourner les pages pour en savoir plus sur leur enfance, leur éducation, leur formation et peut-être un ou deux secrets de leur réussite. Y a-t-il des choses que vous vous êtes toujours demandées mais que vous n'avez jamais vraiment examinées ? Je vous garantis qu'il existe, si vous cherchez bien, un livre sur le sujet. Utilisez vos lectures comme un moyen d'assouvir votre curiosité, et faites-en une activité agréable.

Si vous vous retrouvez au milieu d'un livre que vous n'aimez pas, changez de livre s'il le faut. N'ayez pas peur de laisser un livre inachevé et de changer de livre en cours de lecture. Vous n'êtes pas obligé de vous engager à terminer tous les livres que vous lisez. Après tout, la vie est trop courte pour finir un mauvais livre et, heureusement, c'est vous qui décidez de la qualité d'un livre. Si vous avez tendance à vous lasser d'un livre ou d'un autre, vous pouvez en avoir entre 3 et 5 dans votre pile active de livres que vous êtes en train de lire. Il n'existe pas de règle universelle stipulant que vous devez lire un livre à la fois, du début à la fin. Vous pouvez avoir un livre pour n'importe quel nombre d'humeurs ou d'états d'esprit dans lesquels vous vous trouvez. Si vous avez du mal à terminer un livre difficile, passez à un autre que vous appréciez davantage, ce qui peut vous conduire à des livres plus importants à mesure que vous vous entraînez à lire.

Avant de vous lancer à corps perdu dans la lecture de livres particulièrement difficiles, préparez-vous progressivement. Si vous voulez lire un livre vraiment difficile, commencez par lire des commentaires plus accessibles ou des livres connexes qui vous familiariseront avec le sujet, les idées et le vocabulaire. Faites des recherches sur le livre et l'auteur pour essayer de vous faire une idée du type de langage qu'il ou elle utilise lorsqu'il ou elle écrit. Cela vous permettra d'acquérir des connaissances de base qui faciliteront la lecture d'un livre plus difficile. La connaissance du contenu est un élément important pour une lecture plus fluide et plus efficace, donc si vous avez du mal à lire un livre, cela peut simplement signifier que vous avez besoin de plus de connaissances de base pour le traiter correctement. Lorsque vous choisissez les livres que vous voulez lire, le plus important est qu'ils soient au bon niveau pour vous. À l'école, on considérait peut-être que c'était de la triche, mais lorsque vous lisez pour vous-même, il n'y a absolument rien de mal à consulter les notes de *Sparknotes* ou tout autre résumé ou synopsis pour vous aider à suivre ce que vous lisez. De cette façon, vous vous lancez dans la lecture avec une idée et une attente de ce que vous allez lire.

Commencez par construire votre base. Si vous avez du mal à lire un livre, prenez le temps de chercher tous les mots que vous ne comprenez pas, de rechercher les concepts sur Wikipedia ou de chercher sur Google les histoires qui se cachent derrière les noms et les personnages que vous ne reconnaissez pas. Au début, cela vous prendra plus de temps, mais cela vous aidera à lire le reste du livre beaucoup plus rapidement.

Résumé du chapitre

♦ La lecture est plus naturelle pour certaines personnes, mais cela ne signifie pas que tout le monde ne peut pas la pratiquer. Plus on fait quelque chose, plus on s'améliore, et il en va de même pour la lecture.

♦ L'hypothèse de Krashen stipule que si vous comprenez moins de 95 % d'un texte donné, il vous sera plus difficile de continuer à le lire. Choisissez des livres ou des lectures faciles à comprendre.

♦ Commencez modestement et concentrez-vous sur l'acquisition d'une habitude avant de vous fixer des objectifs ambitieux.

♦ Réduisez la barrière à l'entrée en facilitant l'accès à la lecture. Placez les livres dans des endroits où vous ne pouvez pas les ignorer ou lisez des choses qui vous intéressent vraiment.

♦ En lisant pour le plaisir, vous aurez l'impression que la lecture est moins un choix et plus une activité que vous aimez. Choisissez des sujets ou des auteurs que vous aimez. Il ne s'agit pas d'un cours de français au lycée où vous devez lire un livre qui vous est assigné. Vous avez le pouvoir de choisir en la matière.

♦ Vous n'êtes pas obligé de lire chaque livre d'un bout à l'autre. Vous pouvez passer de l'un à l'autre ou arrêter de les lire quand vous le souhaitez.

♦ Commencez petit et construisez grand. Vous ne devriez pas commencer par des livres difficiles. Commencez par ceux que vous pouvez lire à la vitesse et à la compréhension voulues, puis essayez des livres un peu plus difficiles, avant d'arriver au livre le plus difficile que vous voulez lire.

♦ Construisez votre base en faisant quelques recherches avant de commencer à lire. Qu'il s'agisse des principaux points de l'intrigue ou d'une vue d'ensemble d'un article. Un peu de travail préparatoire avant de commencer vous aidera à long terme.

Le fait de lire davantage présente toutefois un petit inconvénient. Il vous sera difficile de suivre vos lectures, car vous aurez naturellement plus de choses à suivre. Le chapitre suivant vous donnera un aperçu de la manière dont vous pouvez le faire efficacement. Il propose plusieurs tactiques et stratégies pour y parvenir, et vous pourrez choisir celle qui vous convient le mieux. En adaptant l'une d'entre elles, vous poursuivrez votre objectif de lire plus vite et vous vous assurerez que vous continuerez à le faire activement.

CHAPITRE HUIT

Suivre ses progrès en lecture

Lire davantage renforcera certainement votre confiance en vous. Comme je l'ai dit précédemment, cependant, cela n'aura qu'un effet limité sur votre vitesse de lecture si vous ne suivez pas activement vos progrès et n'essayez pas de vous améliorer. Afin d'augmenter réellement votre vitesse de lecture comme je l'ai promis, vous devez être sérieux et assidu dans votre pratique de la lecture rapide. Cela implique de se fixer des objectifs et de suivre ses progrès.

Essayez de lire régulièrement des sections comportant le même nombre de mots et chronométrez vos résultats. Calculez votre vitesse de lecture à l'aide de la formule présentée au chapitre quatre. Poussez-vous lentement à devenir plus rapide. Commencez par vous fixer un objectif concernant le nombre de pages ou de mots que vous souhaitez lire par minute, et travaillez jusqu'à ce que vous atteigniez cet objectif. Le développement des compétences en lecture est la clé de l'épanouissement mental et professionnel. Mais n'oubliez pas de ne pas vous priver du plaisir d'apprendre. La réussite et l'épanouissement doivent aussi être un plaisir. Si l'on retire le plaisir de l'apprentissage, le ressentiment s'installe, mais le fait de s'amuser permet d'apprendre plus vite. Les études montrent régulièrement que nous apprenons davantage et progressons plus rapidement lorsque nous aimons ce que nous faisons. Voici donc quelques moyens de suivre vos progrès en lecture et de maintenir votre implication.

Babelio

Profitez de la bibliothèque numérique Babelio. Si vous aimez lire et que vous n'avez pas de compte Babelio, remédiez-y.. Dès maintenant ! Babelio est un réseau social dédié aux livres et aux lecteurs. Vous pouvez découvrir de nouveaux livres, suivre ce que vous lisez, ce que vous avez déjà lu, et vous pouvez interagir avec d'autres personnes par le biais de critiques de livres, de commentaires, de groupes, et plus encore. Je passe beaucoup plus de temps que je ne le devrais sur Babelio, et c'est mon moyen préféré de garder une trace de tout ce que j'ai lu ou de tout ce que je veux lire.

Babelio assure le suivi de vos lectures chaque année. Vous pouvez vous fixer un objectif et, chaque fois que vous marquez un livre comme lu au cours de l'année, Babelio met à jour votre progression, ce qui vous permet de savoir en permanence où vous en êtes par rapport à votre objectif de lecture. Babelio publie également un rapport de lecture chaque année, ce qui vous permet de voir un graphique intéressant sur votre parcours de lecture.

Trello

Créez un tableau Trello consacré à la lecture. Trello est un outil de productivité qui peut être utilisé pour de nombreuses choses, de l'école au travail en passant par la vie en général. Il peut être utilisé pour suivre des projets de voyage, organiser des idées, coordonner des listes de tâches ménagères et, bien sûr, suivre vos lectures. Si vous souhaitez essayer Trello, sachez que cet outil en ligne est entièrement gratuit et très polyvalent.

Pinterest

Utilisez Pinterest pour des objectifs similaires. Sans avoir la même fonctionnalité que Trello, Pinterest offre un objectif similaire à celui de Babelio, mais dans un format plus proche de Trello, avec un tableau d'images, d'idées et de pensées. En intégrant l'aspect des réseaux sociaux, vous pouvez consulter les tableaux que d'autres personnes affichent pour trouver de l'inspiration et enregistrer ce que vous avez lu ou ce que vous espérez lire à l'aide d'images. Il y a des personnes intéressantes et célèbres sur Pinterest. Inspirez-vous de leurs comptes ou de leurs livres lorsque vous en avez besoin.

Les tableurs

Créez un tableur personnalisé pour enregistrer vos lectures. Que vous choisissiez de conserver votre tableur en ligne (à l'aide d'un outil comme Google Sheets) ou hors ligne dans Microsoft Excel, les tableurs sont un excellent moyen de suivre vos objectifs de lecture et tous les livres que vous avez lus. En utilisant Google Sheets, vous pouvez également partager votre tableur avec votre famille afin que tout le monde puisse suivre ses lectures au même endroit. Ils sont un excellent moyen de visualiser vos objectifs de lecture. Vous pouvez utiliser un tableur pour suivre ce que vous lisez chaque année, ce que vous achetez et comment vous vous en sortez pour chaque défi. En voyant la liste s'allonger, vous aurez davantage confiance en vos lectures, surtout si vous l'utilisez dans le cadre d'une compétition amicale entre amis ou en famille. En outre, elle vous aidera à déterminer les livres que vous aimez, ceux que vous n'aimez pas, le temps qu'il vous faut pour les lire et, si vous êtes particulièrement doué pour les tableurs, la liste vous aidera à créer des diagrammes, des graphiques et des tableaux sur vos lectures. Les carnets de lecture sur papier seraient tout aussi utiles, mais pas aussi instructifs.

Un stylo et du papier

Si vous avez une aversion pour la technologie, tout cela peut être accompli avec un stylo et du papier, que ce soit dans un agenda ou sur des feuilles volantes. Les agendas offrent généralement des pages supplémentaires au dos, ainsi que de l'espace supplémentaire sur chaque page de calendrier, ce qui signifie qu'il existe de nombreuses options pour le suivi de vos lectures.

Ou, si vous avez du mal avec l'un de ces éléments, ou si vous avez besoin de quelque chose de plus physique dans votre vie, faites de votre table de chevet votre liste de lecture. Gardez sur votre table de chevet les cinq livres, ou plus, que vous êtes en train de lire ou que vous voulez lire. Il peut être difficile de suivre une liste de lecture, surtout s'il s'agit d'une liste mentale. Même les listes physiques sur papier ou sur écran peuvent être difficiles à suivre.

Bien sûr, tout cela n'a pas beaucoup d'importance si vous ne gardez pas vos objectifs à l'esprit. Pendant que vous lisez, assurez-vous de noter votre rythme. Enregistrez les progrès que vous faites par rapport à votre objectif de nombre de mots par minute.

Résumé du chapitre

♦ Il existe de nombreuses façons de suivre vos progrès en lecture. Ce qui compte, c'est moins la méthode que vous choisissez que le fait que vous le fassiez.

♦ Certaines personnes sont tout simplement très intelligentes et peuvent suivre leurs lectures dans leur tête. Ce n'est pas réaliste pour tout le monde.

♦ Babelio est un excellent moyen de suivre vos lectures, car il s'agit d'un réseau social dédié aux livres et à la lecture. Il offre tous les avantages d'un club de lecture,

sans les réunions intermittentes, les membres potentiellement ennuyeux et l'obligation de lire des livres
choisis pour vous. Il vous permet de consigner les livres
que vous avez lus, de les évaluer pour savoir si vous les
avez aimés ou non, et vous offre la possibilité d'interagir avec vos amis. Il donne même des recommandations.

♦ Trello peut également être un outil utile. Cette application gratuite et polyvalente peut être utilisée pour vos
lectures ainsi que pour tout ce qui nécessite une organisation dans votre vie.

♦ La création d'un tableur pour enregistrer vos lectures
peut favoriser une compétition amicale entre ceux
avec qui vous la partagez et vous aider à mieux visualiser l'ensemble de vos lectures. De plus, si vous êtes
doué, vous pouvez créer de véritables représentations
visuelles de vos lectures sous la forme de diagrammes,
de graphiques et de tableaux.

♦ Il n'y a rien de mal à utiliser le bon vieux papier.
Procurez-vous un agenda ou trouvez de l'espace dans
celui que vous avez actuellement pour y inscrire vos
lectures ou vos notes.

♦ Si tout le reste échoue, utilisez la pile de livres que vous
avez quelque part comme liste de lecture. Vous aurez
ainsi un moyen plus concret de suivre vos progrès.
Lorsqu'elle se réduit, vous êtes encouragé, peut-être à
aller chercher d'autres livres à la librairie ou à la bibliothèque municipale.

À ce stade du livre, vous avez été initié à toutes les bases de la
lecture rapide. Cela vous donnera un bon point de départ pour
augmenter votre vitesse de lecture. Le chapitre neuf approfon-
dit les techniques utilisées par la plupart des experts en lecture
rapide. L'écrémage et le repérage sont les deux méthodes qui
vous permettent d'augmenter le plus rapidement et le plus facilement votre vitesse de lecture.

CHAPITRE NEUF

Écrémage ou repérage

Nous avons déjà abordé brièvement la question de l'écrémage et du repérage. Néanmoins, il s'agit d'un outil tellement utile qu'il mérite un chapitre à part entière. Malheureusement, l'écrémage a mauvaise réputation. Peu de gens reconnaissent qu'il s'agit d'une aptitude à la lecture et considèrent plutôt qu'il s'agit du contraire de la lecture. Beaucoup considèrent l'écrémage et le repérage comme des outils permettant d'éviter la lecture, ou simplement comme des moyens de déterminer si un texte vaut la peine d'être lu en entier. C'est tout simplement faux. L'écrémage et le repérage sont loin d'être aussi passifs. En fait, comme vous le découvrirez dans ce chapitre, il s'agit dans les deux cas d'actes difficiles et intentionnels qui nécessitent leur propre niveau de maîtrise pour être réalisés correctement.

L'écrémage est un processus de lecture rapide qui consiste à parcourir visuellement les phrases d'une page à la recherche d'indices sur l'idée principale. Il peut s'agir de lire le début et la fin pour obtenir des informations sommaires, puis éventuellement la première phrase de chaque paragraphe pour déterminer rapidement s'il faut chercher plus de détails, en fonction des questions ou de l'objectif de la lecture. Ces sections sont les plus importantes car ce sont elles qui vous donneront le plus d'informations sur ce que vous avez lu. L'introduction vous donne un aperçu des attractions à venir, quelle que soit la lecture, vous permettant de voir de quoi il s'agit et de vous préparer à ce qu'elle va vous dire. Tout comme l'introduction d'un passage, la première phrase d'un paragraphe vous indique généralement de quoi il s'agit. Elle pose les bases des principaux points qui suivent ou vous donne une idée de ce à quoi vous pouvez vous attendre. La conclusion, à condition que l'auteur sache la rédiger convenablement, résumera la lecture de manière nette et précise. Elle doit récapituler les points principaux de manière succincte. Une conclusion bien rédigée vous dira pourquoi vous avez bien utilisé votre temps en lisant tout ce qui a précédé. Enfin, la conclusion vous laissera avec quelque chose, une résonance pleine d'espoir, que la lecture vous aura apporté.

Deux techniques qui consistent à ne rechercher que les éléments d'information les plus pertinents en premier lieu vous prépareront à ce qui va suivre. Comme vous êtes déjà familiarisé avec les principales parties du texte, vous ne serez pas ralenti par les parties déroutantes ou surprenantes lorsque vous les rencontrerez au cours de votre lecture. Gardez à l'esprit que si l'écrémage et le repérage sont plus efficaces pour la non-fiction, ils peuvent également s'appliquer à la fiction. Dans un roman, parcourez le chapitre pour y trouver le développement des personnages, les points clés du dialogue et les principaux éléments de l'intrigue. Lisez ensuite le chapitre à un rythme plus rapide que d'habitude. Même si vous le lisez deux fois, vous le lisez plus vite, car vous aurez retenu les éléments les plus importants lors de la première lecture. Puis, lors de la deuxième lecture, vous saisissez des détails plus infimes qui vous ont échappé lors de l'aperçu initial. Ces deux lectures devraient suffire pour analyser toutes les informations pertinentes, mais si vous vous sentez ambitieux, une troisième lecture serait justifiée, en particulier pour les livres plus difficiles.

D'accord, c'est très bien ! dites-vous. Mais comment faire ? Voici une méthode étape par étape pour apprendre à parcourir un texte. L'écrémage, qui consiste à tirer l'essentiel d'un texte sans en lire tous les mots, se résume à savoir quelles parties lire et quelles parties ignorer. Voici quelques conseils et techniques pour reconnaître ce qu'il est important de lire lors de l'écrémage.

Sachez ce que vous voulez

Avant de commencer à parcourir le texte, demandez-vous ce que vous voulez en tirer. Pensez à deux ou trois termes qui décrivent ce que vous voulez savoir et, pendant que vous écumez le texte, gardez un œil sur ces deux ou trois termes. En les recherchant activement, vous les trouverez plus facilement que si vous vous contentiez de lire passivement le texte. Le fait de parcourir le texte sans but précis est généralement infructueux et ennuyeux. Le fait de ne pas se concentrer sur un objet conduit à l'inattention Je suis sûr que ce sentiment vous est familier. L'écrémage n'est pas la même chose que la lecture passive, c'est même le contraire. Donnez un but à votre lecture et à votre écrémage en recherchant des mots-clés. Commencez votre lecture armé de quelques questions. Non seulement elles vous aideront à déterminer ce que vous voulez tirer de la lecture, mais si elles restent sans réponse à la fin, vous aurez de la matière pour d'autres lectures à l'avenir.

Lisez verticalement

Lors de l'écrémage, vous déplacez vos yeux verticalement autant que vous les déplacez horizontalement. En d'autres termes, vous déplacez vos yeux vers le bas de la page autant que vous les déplacez d'un côté à l'autre. L'écrémage est un peu comme la descente d'un escalier. Certes, il faut faire un pas à la fois, et descendre les escaliers en courant est imprudent, mais on arrive aussi plus vite en courant. Et que se passe-t-il lorsque vous ne marchez que latéralement dans les escaliers ? Rien du tout. Néanmoins, il s'agit toujours de lecture, et non de descente d'escalier. Par conséquent, pour trouver ce que vous cherchez, vous devez de temps en temps déplacer vos yeux de gauche à droite, ainsi que de haut en bas. Il s'agit à la fois d'une mise en garde contre une lecture trop verticale et d'un rappel à se déplacer verticalement autant que possible. Si vous descendez trop rapidement le long de la page, vous comprendrez moins bien chaque ligne. Si vous ne descendez pas assez vite, vous ralentirez votre vitesse de lecture. Il s'agit d'un équilibre délicat.

Mettez-vous à la place de l'auteur

Chaque article, chaque livre, chaque page internet est écrit dans le but de faire valoir un point de vue quelconque. Qu'il s'agisse d'un article académique visant à présenter une certaine hypothèse ou d'un roman véhiculant un message, tout a une raison d'être. Sinon, cela ne vaudrait pas la peine d'être lu. Si vous parvenez à détecter les stratégies utilisées par l'auteur pour faire valoir son point de vue, vous pourrez séparer le contenu important de celui qui ne l'est pas. Pour détecter les tendances de l'auteur, vous devez vous mettre à sa place. En plus de remarquer le contenu de la page, observez la façon dont l'auteur présente ce contenu. Voyez si vous pouvez reconnaître la façon dont l'auteur positionne le contenu de base, les arguments secondaires, les informations divergentes et les simples fioritures. Ces dernières viennent-elles avant l'essentiel ou l'inverse ? L'auteur s'exprime-t-il clairement ou vous laisse-t-il, dans une certaine mesure, le soin de comprendre ses propos par vous-même ?

Un autre élément essentiel est de saisir le sous-texte que l'auteur peut avoir inséré, véhiculant des idées qui ne sont pas explicitement énoncées. Certains auteurs comptent sur leurs lecteurs pour faire des déductions et des hypothèses sur la lecture, en particulier dans le domaine de la littérature ou de l'écriture créative. Ces déductions sont souvent tout aussi importantes que le texte lui-même. Nombreux sont ceux qui pensent qu'une attention particulière et aiguisée aux détails ne permet de déceler que les sous-texte, mais ce n'est pas vrai. Le sous-texte peut se présenter sous de nombreuses formes et selon de nombreuses techniques. Le plus important est d'y prêter attention et d'être capable de l'interpréter comme l'auteur le souhaite. En outre, certains pensent que l'interprétation du ton général du texte peut être perdue lors d'une lecture trop rapide. Là encore, ce n'est pas vrai. Votre cerveau capte toujours la ponctuation à grande vitesse, et ceci est la clé pour comprendre l'intonation avec laquelle l'auteur écrit. Enfin, soyez conscient du sujet traité par l'auteur autant que possible et lisez en gardant à l'esprit la vue d'ensemble que l'auteur veut vous donner. Cela améliorera considérablement la compréhension de la lecture. Déterminer le style d'écriture de cette manière peut vous aider à identifier ce qui est important.

La pré-lecture

Si vous recourez à l'écrémage dans le but d'acquérir des connaissances, pré-lisez avant de vous lancer dans ce processus. Par exemple, si vous lisez un article, examinez-le avant de le lire. En pré-lisant un article avant de procéder à l'écrémage, vous pouvez repérer les parties de l'article qui requièrent toute votre attention et celles que vous pouvez ignorer. Cela peut sembler contre-intuitif puisque vous le lisez deux fois, mais le fait de sauter les sections qui n'ont pas grand-chose à voir avec votre objectif de lecture vous permet de gagner un temps considérable. Le *Speed Reading Lounge* propose quatre stratégies pour vous aider à écrémer et à repérer le texte. Prévisualisez les phrases clés pour vous concentrer sur une idée, peut-être l'idée clé, puis entraînez-vous à vous concentrer sur les parties les plus intéressantes. Parcourez ensuite les noms et les chiffres pour obtenir une description détaillée des personnes, des lieux et des concepts. Identifiez les mots déclencheurs pour repérer les phrases et les mots-clés importants. Utilisez le crayon que vous avez peut-être utilisé pour le méta-guidage pour les noter. Cela vous aidera à vous assurer que vous obtenez de la lecture ce que vous voulez et ce dont vous avez besoin. Enfin, lisez le titre et les sous-titres. Dans le monde actuel de l'optimisation des moteurs de recherche, le titre contient souvent des termes clés à rechercher tout au long de la lecture, tandis que les sous-titres peuvent vous donner une idée de la structure ou des points d'ancrage du texte. Prenons l'exemple de ce livre même, *Techniques éprouvées de lecture rapide : lisez plus de 300 pages en 1 heure - Un guide pour débutants sur comment lire plus vite tout en comprenant (inclut des exercices d'apprentissage avancés)*. Le titre indique ce que vous allez lire et ce que vous allez en tirer : des techniques éprouvées de lecture rapide pour lire 300 pages en 60 minutes. Le sous-titre décrit la structure du livre, qui vous fait passer du statut de débutant à celui de lecteur rapide, tout en maintenant votre compréhension. Enfin, et plus accessoirement, il comprend des exercices d'apprentissage avancés.

Une telle pré-lecture vous aidera, comme l'indique l'article, à différencier le type de lecture que vous ferez, en décidant d'utiliser les modes de lecture rapide ou de compréhension totale. À travers une analogie utile, l'auteur Mark Ways fait la distinction entre la lecture au micro-ondes et la lecture au four. La lecture au micro-ondes fait référence à des contenus qui contiennent des informations techniques, des explications détaillées, des lignes directrices ou des instructions. Dans ce cas, vous vous souciez moins de la manière dont le texte est rédigé que des informations qu'il contient et que vous pouvez appliquer concrètement dans votre vie. Dans cette analogie, la lecture au four se rapproche de la cuisson et nécessite plus de temps qu'au micro-ondes pour chauffer et cuire. Ways utilise l'exemple des biographies, des histoires de réussite ou des expériences de vie comme autant d'éléments qu'il convient d'assimiler pleinement pour mieux les comprendre. L'écrémage et le repérage vous donneront les idées principales, mais c'est la profondeur et l'assiduité qui vous permettront de tirer le meilleur parti de ce type de lecture. Identifier les livres que vous pouvez parcourir rapidement vous aidera à concentrer votre lecture et à utiliser votre temps plus judicieusement. L'écrémage ou le repérage d'un livre qui ne se prête pas à ces techniques se traduira le plus souvent par de la frustration, ce qui entravera vos progrès en matière de lecture.

Vous vous direz peut-être que la pré-lecture ressemble beaucoup à de l'écrémage, et vous vous demanderez en quoi ils sont différents. En fait, la pré-lecture consiste à comprendre les grandes lignes et la construction d'un texte avant de le lire. Par exemple, vous pouvez jeter un coup d'œil sur le texte sans vous plonger dans les paragraphes proprement dits. Vous remarquerez les titres des chapitres, les sous-titres et les résumés à chaque fin de chapitre. Vous ne vous engagez pas dans cette voie dans le cadre d'une pré-lecture. C'est là que l'écrémage entre en jeu. Les différents types de lecture que Mark Ways a identifiés et qui sont mentionnés ci-dessus ne peuvent être déterminés qu'après une prélecture approfondie. L'objectif est de se faire une idée du texte avant de se lancer dans l'écrémage et le repérage.

Lisez la première phrase de chaque paragraphe

La phrase d'introduction de chaque paragraphe décrit généralement ce qui suit dans le paragraphe. Lorsque vous parcourez un texte, lisez la première phrase de chaque paragraphe et décidez ensuite si le reste du paragraphe mérite d'être lu. Si ce n'est pas le cas, passez à autre chose. Cette méthode est beaucoup plus efficace pour les écrits non fictionnels, car les paragraphes de fiction ne suivent pas la même construction et peuvent contenir des détails importants pour l'intrigue ou l'enrichissement de l'histoire. Il serait également utile de lire la dernière phrase du paragraphe, car elle résume souvent succinctement le paragraphe et permet de passer au paragraphe suivant. La première et la dernière phrase d'un paragraphe sont souvent les plus importantes. Parfois, vous constaterez qu'il n'est pas nécessaire de lire ce qui se trouve entre les deux.

Un article paru dans le *Journal of Experimental Psychology* a testé l'efficacité de l'écrémage en cours de lecture. Pour ce faire, les auteurs ont mené trois expériences en utilisant des textes expositifs et en ne laissant aux lecteurs que le temps nécessaire pour parcourir la moitié de chaque texte. La première expérience a montré que l'écrémage permettait aux lecteurs d'extraire les idées importantes de chaque document au détriment des détails moins importants. Elle a également montré que les lecteurs n'étaient pas parvenus à tirer des conclusions des informations contenues dans le texte. La deuxième expérience a permis de déterminer que l'écrémage et la lecture de la première ou de la deuxième moitié des paragraphes permettent de retenir le même nombre d'informations. Cela confirme ce que dit le paragraphe ci-dessus, à savoir que l'écrémage et la lecture de la première phrase environ sont deux méthodes aussi efficaces l'une que l'autre pour la lecture rapide. L'étude a également révélé qu'en raison de la présentation des textes fournis aux lecteurs, semblable à celle d'un site web, l'écrémage s'appuie sur la façon dont les pages sont reliées entre elles, ce qui indique que la navigation dans le document est aisée. Plus intéressant encore, une analyse des temps de lecture basée sur la page et le suivi oculaire a indiqué que le texte au début des paragraphes, vers le début d'une page et au début du document, recevait plus d'attention de la part des lecteurs. Selon les auteurs de l'étude, cela confirme une fois de plus que l'écrémage est suffisant pour lire un document sous la pression du temps.

Ne lisez pas nécessairement des phrases complètes

L'intérêt de l'écrémage est qu'il n'est pas nécessaire de lire chaque mot de la page. Si le début d'une phrase ne promet pas de vous donner l'information que vous souhaitez, passez à la phrase suivante. Lisez les débuts de phrase en vous demandant s'ils vous apporteront des informations utiles. Par exemple, vous n'avez pas besoin de lire **cette** phrase en entier, ni même les quelques phrases suivantes, parce qu'il s'agit simplement d'un discours inutile sur le fait que si vous aviez sauté le reste de la phrase, vous auriez économisé beaucoup de temps et d'efforts. Ce n'était pas du tout nécessaire, et lorsque vous prenez la phrase à sa valeur nominale dans les premiers mots, vous ne vous sentez pas frustré, surtout lorsque les phrases deviennent longues et alambiquées et que vous commencez à remettre en question leur exactitude grammaticale ; et puis ils commencent à ajouter des choses, comme des points-virgules, qui vous obligent à vous replonger dans vos cours de français pour savoir s'ils sont utilisés correctement ou non - ce qui, avant même que vous le sachiez, fait que la phrase ne vaut pas la peine que vous y consacriez du temps. À titre d'exemple, « Par exemple, vous n'avez pas besoin de lire cette phrase en entier » m'a pris moins d'une seconde à lire. Il m'a fallu environ 11 secondes pour lire le reste de la phrase. Dans ce cas, la phrase vous dit littéralement que vous n'avez pas besoin de continuer à lire, mais il n'y en aura pas beaucoup qui le feront dans votre lecture générale. Un meilleur exemple pourrait être le suivant : « L'âge de pierre a été défini par une innovation en matière d'outils, les premiers hommes ayant commencé à incorporer des éléments du monde qui les entourait afin de développer de nouvelles façons d'accomplir leurs tâches. » La première partie de la phrase, la clause indépendante, indique le sens de la phrase. La deuxième partie ne sert qu'à fournir des informations supplémentaires sous la forme d'un exemple. Lire la première partie mais pas la seconde vous permet d'aller à peu près aussi loin que de lire les deux.

Sautez certains exemples

Il y a des choses qu'il n'est pas nécessaire de lire, comme l'exemple que je viens de donner. Les auteurs présentent souvent des exemples pour démontrer quelque chose, mais si vous pensez que cette démonstration n'est pas nécessaire, vous pouvez alors l'ignorer. Je pourrais donner un exemple ici, mais après ce long exposé, vous le sauteriez probablement de toute façon.

Lors du processus d'écrémage, n'hésitez pas à prendre quelques secondes de plus et à relire ce que vous venez de lire pour vous assurer que vous l'avez bien compris. Vous gagnez déjà du temps en survolant plutôt qu'en lisant en profondeur, vous en gagnerez donc encore un peu plus en revenant un peu en arrière. Vous pouvez également faire une lecture préliminaire, afin de savoir un peu à quoi vous attendre dans ce qui suit.

Résumé du chapitre

◆ Contrairement aux idées reçues, l'écrémage et le repérage sont des compétences actives qui ne reposent pas sur l'obtention d'informations par osmose. En d'autres termes, il s'agit d'un processus actif qui ne se produit pas tout seul.

◆ L'écrémage donne la priorité à certaines informations au détriment d'autres. Repérer un texte avant de le lire vous aidera à identifier les informations qui vous seront utiles et celles qui ne le seront pas.

◆ Aussi improductif que cela puisse paraître, le fait de lire deux fois un texte de cette manière, en jetant un coup d'œil puis en lisant rapidement les parties qui vous ont semblé intéressantes, réduira votre temps de lecture car les détails ne vous encombreront pas.

◆ Cela fonctionne aussi bien pour la fiction que pour la non-fiction. Vous devez cependant identifier des éléments différents lors de votre premier passage. Alors que la non-fiction est basée sur des exemples utiles à l'argumentation, la fiction se compose d'éléments de l'intrigue, de dialogues, de thèmes ou de développement de personnages. Vous pouvez ignorer des éléments tels que les descriptions, en particulier celles qui seraient trop longues.

- ◆ Sachez à l'avance ce que vous voulez lire, à partir d'un titre ou d'un élément connexe que vous avez déjà lu. Il peut être utile de penser à des termes que vous voulez apprendre ou à des concepts que vous voulez mieux comprendre. Savoir ce que l'on cherche aide toujours à le trouver.

- ◆ Lisez verticalement. En d'autres termes, ne bougez pas trop vos yeux d'un côté à l'autre. La lecture de mots groupés vous y aidera. Veillez à ne pas vous déplacer trop loin ou trop vite verticalement, car vous risqueriez de manquer des informations que vous voulez lire et que vous avez déjà identifiées, je l'espère.

- ◆ Pensez comme l'auteur. C'est beaucoup plus facile dans les écrits non fictionnels lorsqu'il y a une thèse que vous pouvez identifier, mais c'est aussi pratique dans les œuvres de fiction. Trouvez alors l'argument que l'auteur veut démontrer. Il y en a toujours au moins un. Qui plus est, essayez de comprendre comment il le présente. Où se trouvent les preuves relatives à l'argument ?

- ◆ Prélisez. Évaluez le texte. De grands ou de petits paragraphes ? Les phrases sont-elles longues ou très courtes ? Identifiez ce que vous pensez être les mots et les phrases clés. Formulez des objectifs ou des questions que vous espérez atteindre à la fin de la lecture.

- ◆ Lisez la première phrase de chaque paragraphe. En particulier dans les textes académiques, elle peut vous dire tout ce que vous avez besoin de savoir sur la démonstration faite par l'auteur dans le paragraphe. Lisez également la dernière phrase, elle vous dira souvent ce que le paragraphe a énoncé et vous conduira au suivant.

- ◆ Ne lisez les phrases complètes que lorsque l'information vous est utile. Si les informations du début attirent votre curiosité et vous donnent envie d'en lire davantage, faites-le. Mais ne continuez pas à lire des phrases qui ne vous donnent pas beaucoup d'informations, elles ne servent qu'à vous enliser et à vous empêcher de passer à celles qui répondent réellement à l'objectif que vous vous êtes fixé.

- ◆ Sautez certains exemples. En particulier lorsqu'ils utilisent des expressions telles que, « par exemple », « comme preuve », « pour démontrer ceci », ou toute autre expression qui peut signifier une information qui ne fait qu'appuyer l'argument. Ils sont parfois plus difficiles à identifier que cela. Il se peut que vous deviez vous fier à votre instinct ou à votre intuition et sauter le reste des paragraphes au risque de manquer quelque chose d'important. Il y a cependant de fortes chances que vous ne manquiez pas grand-chose. Par exemple, si vous n'aviez lu que « sautez certains exemples », vous auriez probablement obtenu tout autant de ce paragraphe sans lire mes divagations intentionnelles. Cela devrait cependant vous montrer à quoi ressemble un exemple caché et sournois. J'espère que cette petite parenthèse vous a plu. Je vous en prie !

Félicitations ! La lecture rapide de base touche à sa fin. Vous pouvez maintenant vous lancer dans le monde de la lecture rapide intermédiaire et essayer ces conseils et astuces par vous-même si vous le souhaitez. Vous voulez savoir à quoi servent les autres pages de ce livre ? Puisque vous l'avez demandé, elles sont réservées aux audacieux. Le chapitre dix contient des techniques plus secrètes et plus avancées qui vous aideront à lire plus vite. D'accord, elles ne sont pas si secrètes, mais elles sont avancées. Lisez la suite pour savoir de quoi il s'agit. Vous n'avez jamais été aussi proche de devenir un expert !

CHAPITRE DIX

Apprendre plus vite grâce à des techniques avancées

J e vous remercie d'avoir lu jusqu'ici. Vous avez ainsi démontré votre volonté de tirer le meilleur parti de ce livre. Certaines personnes voient un titre de chapitre comme *Apprendre plus vite grâce à des techniques avancées* et abandonnent parce qu'elles se demandent si cela vaut la peine de consacrer du temps à un tel chapitre, ou parce qu'elles pensent qu'elles ne seront pas à la hauteur. Ou peut-être ont-elles déjà obtenu du livre ce qu'elles souhaitaient, ce qui est très bien.

Voici l'occasion de prendre de l'avance sur les autres. Acquérir davantage de connaissances a toujours été important pour réussir. Mais le rythme de la vie moderne est devenu si rapide qu'au moment où vous apprenez de nouveaux faits, ils commencent déjà à devenir obsolètes. Nous devons donc apprendre plus vite. Le moyen le plus efficace d'y parvenir est d'améliorer votre vitesse de lecture et votre compréhension.

La métacognition

Ces techniques avancées nécessitent un examen attentif de vos tendances de lecture, en les analysant autant que possible pour les améliorer. La métacognition, aussi inaccessible qu'elle puisse paraître, est le premier pas dans cette direction.

En réalité, le simple fait de réfléchir à votre façon de penser vous aidera à comprendre les sujets que vous ne comprenez pas. Cette prise de conscience de vos lacunes vous permet de prendre du recul et de chercher des moyens de les améliorer. L'amélioration de vos compétences linguistiques se traduira également par une amélioration de votre lecture. En effet, plus vous serez capable d'appliquer vous-même la langue, plus vous serez à même de lire et d'identifier les autres applications que les gens utilisent dans le même but. Par exemple, pour comprendre le point-virgule et savoir comment l'utiliser, il faut savoir ce qu'est une clause indépendante. Améliorer votre grammaire de cette manière renforce votre compréhension de la lecture et vous évite d'être désorienté lorsque les auteurs vous proposent des structures grammaticales bizarres. Elle renforcera également votre confiance en vous, ce qui fera de vous un meilleur écrivain, un meilleur interlocuteur ou un meilleur orateur. Grâce à de meilleures compétences linguistiques, les premières impressions que vous donnerez seront également plus solides.

Voici 6 exercices pour améliorer votre vitesse de lecture et votre compréhension par d'autres moyens. Certains d'entre eux sont une révision de techniques antérieures, d'autres sont nouveaux.

Déterminez l'ampleur de la tâche

Évaluez le travail que vous vous apprêtez à faire. Parcourez d'abord le texte et repérez les points importants. Repérez les titres et les sous-titres ; lisez le premier et le dernier paragraphe de plusieurs chapitres ; habituez-vous au style d'écriture propre à chaque auteur. Saisissez la forêt avant de vous concentrer sur les arbres. Non seulement vous garderez une vue d'ensemble, mais vous devriez être en mesure d'identifier les idées principales après un survol rapide.

Posez-vous des questions

En lisant le texte, posez des questions auxquelles vous souhaitez trouver des réponses. Anticipez ensuite les réponses à vos questions. Concentrez-vous sur vos intérêts et sur ce que vous voulez tirer de la lecture. Oubliez les informations non pertinentes. Il est impossible de se souvenir de tout ce que vous lisez, alors apprenez à en extraire ce qui est pertinent pour vous. Vous savez exactement ce que vous devez retenir de la lecture. À la fin de la lecture, vous aurez soit répondu à des questions et en aurez tiré quelque chose, soit vous aurez d'autres questions, et donc davantage de lecture.

Diminuez la subvocalisation

Comme nous l'avons vu plus tôt dans le livre, si la subvocalisation peut aider à la compréhension, elle ralentit considérablement la vitesse de lecture. Lorsque les enfants apprennent à lire pour la première fois, ils chuchotent les mots ou les prononcent doucement. Au niveau suivant, ils lisent silencieusement tout en bougeant les lèvres comme s'ils prononçaient chaque mot. En tant qu'adultes, nous prononçons les mots dans notre tête, c'est ce qu'on appelle la subvocalisation. Cependant, la subvocalisation ne nous permet pas de lire plus vite, car nous ne pouvons pas aller plus vite que nous ne parlons. La vitesse moyenne d'élocution est d'environ 150 mots par minute, alors que la vitesse moyenne de lecture est d'environ 200 à 300 mots par minute. Pour lire plus vite, il faut donc faire taire cette voix intérieure. Comment ? Écouter de la musique en lisant est utile. Au début, cela affectera votre compréhension. Mais rapidement, vous remarquerez que votre concentration augmentera. Paradoxalement, la musique qui vous distrayait auparavant vous aidera à vous concentrer et à apprendre plus vite. Pensez aux moments où vous mettez de la musique en bruit de fond, lorsque vous faites des tâches ménagères, ou quand vous vous trouvez à une fête. En général, vous la remarquez au début, mais elle s'estompe ensuite dans le paysage. Vous ne le remarquez qu'une fois de temps en temps. Il en va de même lorsque vous lisez en écoutant de la musique.

Lisez des groupes de mots

J'ai mentionné plus haut qu'il fallait lire des groupes de mots et non des mots. Voici comment mettre cela en pratique. Les enfants apprennent à lire en commençant par joindre les syllabes. Plus tard, ils joignent les mots pour comprendre les phrases. Nous nous arrêtons souvent là. Mais il existe un autre niveau : l'absorption de groupes de mots en une seule fois. Vous vous souvenez des colonnes du chapitre 5 ? Prenez un crayon et divisez la page en trois colonnes, de façon à ce que chacune d'entre elles contienne 2 à 4 mots à la suite. Essayez de les lire ensemble en sautant d'une colonne à l'autre. C'est plus facile que vous ne le pensez. Une fois que vous aurez pris le coup de main, vous n'aurez plus besoin des colonnes. Nous appliquons simplement la même règle que pour la compréhension des mots. Nous ne lisons pas chaque lettre, mais nous reconnaissons le mot dans son ensemble. Maintenant, au lieu de lire des mots séparés, vous en lisez des groupes en même temps.

Testez-vous

Posez-vous les questions suivantes : « Qu'est-ce que l'auteur essaie de dire ? En quoi cela diffère-t-il des autres choses que j'ai lues ? Quel est le lien avec d'autres documents que je connais ? » Lorsque vous comprenez quelque chose, vous commencez à l'apprendre. Utilisez cette méthode lorsque vous vous arrêtez en cours de lecture, plutôt que de relire une section. Résumez ce que vous venez de lire comme si vous aviez été interpellé par un professeur en classe et qu'il vous avait interrogé. Si cela vous semble correct, continuez à lire.

Ne vous contentez pas de consommer, créez

La connaissance n'est pas seulement quelque chose que l'on absorbe, mais plutôt quelque chose que l'on crée en tant qu'apprenant. Vous développez de nouvelles significations, de nouvelles connexions neuronales et de nouveaux modèles d'interactions électrochimiques en vous. L'apprentissage se produit lorsque vous intégrez vos nouvelles connaissances, puis les appliquez d'une manière ou d'une autre pour mettre en œuvre un nouveau processus de travail ou créer quelque chose de nouveau. L'application pratique de vos nouvelles connaissances est un excellent moyen d'exercer une nouvelle compétence.

Prenez des notes et écrivez. Ne tapez pas à l'ordinateur. S'il est bon de taper ses notes sur l'ordinateur pour la postérité, écrire à la main stimule les idées de manière plus efficace. Le simple fait de tenir et d'utiliser un stylo ou un crayon peut sembler démodé à notre époque, mais il suffit de penser à tous les visionnaires pour qui cela a fonctionné au fil des ans. De plus, même si la dactylographie est plus rapide que l'écriture manuscrite, la multifonctionnalité d'un ordinateur portable se prête bien plus aux distractions que l'écriture manuscrite. Même s'il facilite la prise de notes sur de grandes quantités d'informations, il suffit d'une notification, d'un son ou d'une pensée errante pour que, quelques clics plus tard, vous tombiez dans le piège de la distraction. Un article de la *National Public Radio* (NPR) cite une étude publiée par *Psychological Science*, selon laquelle les notes manuscrites obligent les personnes qui les prennent à sélectionner plus soigneusement les éléments qu'elles notent. Ainsi, s'il est possible que les utilisateurs d'ordinateurs portables saisissent davantage de notes, il y a fort à parier que les personnes qui écrivent à la main prennent de meilleures notes parce qu'elles identifient les informations les plus importantes tout en ignorant les points qui le sont moins. L'étude a testé cette hypothèse en montrant aux élèves des exposés TED sur divers sujets avant de leur poser des questions sur des faits, ce que les deux groupes ont réussi à faire de manière égale. Les questions basées sur des concepts ont toutefois nettement favorisé les notes manuscrites. La tentation d'écrire les choses mot pour mot était tout simplement trop forte pour être surmontée lorsqu'on utilisait un ordinateur portable.

Il ne s'agit là que de l'une des hypothèses testées pour déterminer si le fait de prendre des notes à la main ou à l'ordinateur a une incidence sur la mémoire et la rétention. La deuxième hypothèse a permis aux étudiants de revoir les notes qu'ils avaient prises entre le cours et l'examen. Les notes manuscrites ont encore donné de meilleurs résultats. La conclusion est que la prise de notes à la main exige un effort mental de la part du cerveau, ce qui favorise la compréhension et la rétention. La dactylographie des notes induit une approche plus irréfléchie, où l'on s'occupe de tout pendant qu'on le peut. Cette étude a éliminé la variable de la distraction en déconnectant internet sur chaque ordinateur portable. Même les étudiants les plus assidus peuvent se laisser distraire, et la plupart d'entre eux perdent 40 % du temps passé en classe à faire des choses qui n'ont rien à voir avec le cours ou leur travail. Une étude menée auprès d'étudiants en droit a montré que près de 90 % de ceux qui disposaient d'un ordinateur portable l'utilisaient pendant au moins cinq minutes pour des activités sans rapport avec leurs cours. Plus choquant encore, 60 % d'entre eux ont passé la moitié du cours à se distraire. En résumé, il est largement prouvé que les bons vieux papier et crayon sont bénéfiques pour la mémorisation.

Les mouvements d'écrémage recommandées par Evelyn Wood

Par ailleurs, d'autres experts proposent des stratégies et des techniques qui permettent d'améliorer la vitesse de lecture sans sacrifier la mémorisation. Beaucoup considèrent Evelyn Wood comme la pionnière qui a popularisé la lecture rapide avec son *programme d'apprentissage et de lecture rapide en sept jours*. Comme dans ce livre, elle promet de doubler la vitesse de lecture actuelle, d'améliorer la compréhension et la mémorisation de la lecture, d'aiguiser la concentration et, surtout, puisqu'elle destine son livre aux étudiants, de respecter les délais. Elle demande aux lecteurs d'utiliser une série de mouvements de main peu usuels pour garder leurs yeux engagés et en mouvement pendant qu'ils parcourent les informations sur la page.

Mouvement 1 : le méta-guidage altéré

La paume sur la page, les doigts joints mais détendus, le tout à plat, vous déplacez votre main le long de la page comme vous le feriez avec un métaguidage classique. Utilisez votre main pour donner le rythme à vos yeux. La différence majeure entre ses conseils et le méta-guidage dont nous avons parlé dans les chapitres précédents réside dans la façon dont vous passez d'une ligne à l'autre. Mme Wood recommande de lever les doigts au-dessus de la page, de 0,25 à 0,50 cm, ni plus ni moins, et d'amener la main en diagonale à l'endroit où commence la ligne suivante, en répétant ce mouvement jusqu'en bas de la page.

Mouvement 2 : forme en S

Le deuxième mouvement qu'elle décrit est un mouvement en S vers le bas de la page, se déplaçant de manière fluide d'un bout à l'autre de la page sans précipitation et en sautant une ligne ou deux au cours du processus. Les mouvements qu'elle décrit semblent augmenter en difficulté.

Mouvement 3 : forme en point d'interrogation

Le troisième mouvement est similaire au premier, mais au lieu de tracer des lignes, vous tracez une ligne en forme de point d'interrogation.

Mouvement 4 : forme en X

Pour le quatrième mouvement, Woods suggère d'utiliser une forme en X, en commençant en haut à gauche de la page et en se déplaçant en diagonale d'environ cinq lignes vers la marge droite. Une fois que vous avez atteint la marge droite, déplacez votre doigt vers le haut sur deux lignes de texte et répétez le premier mouvement dans la direction opposée (vers la marge gauche de la page). Là encore, vous montez de deux à trois lignes et descendez en diagonale de cinq lignes. Vous répétez ces mouvements en zig-zag, en « X » jusqu'à ce que vous atteigniez le bas de la page.

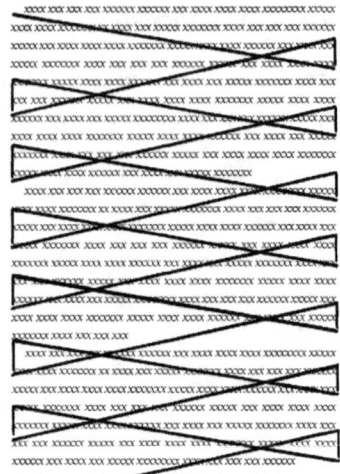

Mouvement 5 : la boucle

Le cinquième mouvement fait une boucle et suit une trajec-toire similaire à celle du X, mais les mouvements sont plus doux, plus fluides. Imaginez que vous fassiez un 8. Créez ces boucles en descendant de cinq lignes et en remontant de deux (de gauche à droite puis de droite à gauche) jusqu'à ce que vous atteigniez le bas de la page.

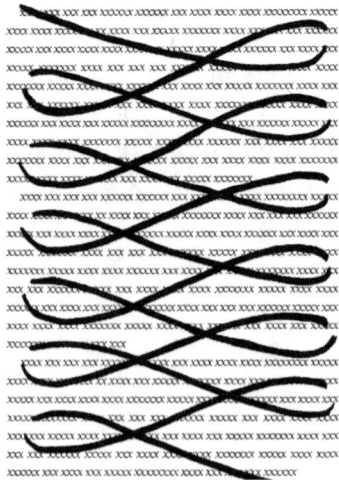

Mouvement 6 : forme en L

Le dernier mouvement qu'elle suggère est le mouvement en L, qui dérouterait toute personne ne sachant pas écrire en cursive. Comme pour le mouvement en boucle, vous vous déplacez vers le bas de la page en faisant des boucles. Cependant, au lieu de se déplacer vers la marge droite en diagonale, on lit tout droit sur une ligne avant de faire une boucle et de se déplacer de cinq lignes vers le bas en diagonale et dans le sens inverse de la lecture (vers la marge gauche). Pour ceux que cela intéresse, elle en propose quatre autres : le fer à cheval, le U, le pinceau et la demi-lune.

Une autre technique de méta-guidage similaire, beaucoup plus simple que les mouvements de main élaborés utilisés par Evelyn Wood, consiste à utiliser une fiche bristol blanche vierge. C'est logique. La fiche bristol permet de focaliser vos yeux sur les mots qui défilent sur la page. Cette meilleure concentration s'accompagne d'une meilleure rétention. Cependant, vous devez faire attention à ne pas régresser par inadvertance. Pour ce faire, vous pouvez suivre les conseils de l'article de *Fast Company*. Placez la fiche bristol au-dessus de la ligne que vous voulez lire. Non seulement cela empêche vos yeux de remonter la page, mais cela les encourage, voire les oblige, à continuer à descendre. Cela ajoute une barrière à la régression, car vous devez consciencieusement retirer la fiche du texte qui précède pour revoir les informations que vous avez déjà passées. Il y a cependant un petit inconvénient. Cette technique de la fiche bristol au-dessus de la ligne ne fonctionne pas très bien pour la lecture sur un ordinateur, car il faut tendre le bras pendant de longues périodes. Même si la fiche ne pèse presque rien, votre bras se fatiguera rapidement et vous empêchera d'utiliser cette technique. Mieux vaut ne pas le faire du tout et s'épargner la frustration. De plus, c'est un peu ridicule. De toute façon, si vous lisez pour gagner en rapidité, il vaut mieux que vous lisiez sur papier, car le texte à l'écran ralentit votre lecture d'environ 25 %.

Autres techniques de méta-guidage

En restant sur le thème de l'utilisation d'un méta-guide visuel, Kwik propose neuf autres astuces pour lire plus vite et maîtriser la surcharge d'informations dans un article pour *Alive.com* datant de 2017.

Tout d'abord, il suggère de consulter un optométriste pour faire contrôler vos yeux, si vous ne l'avez pas fait récemment. Si ce n'est pas le cas, assurez-vous que votre vue est au maximum de son potentiel. Utilisez vos lunettes de vue ou de lecture.

Ensuite, il insiste sur l'importance de trouver un lieu de lecture approprié. Il s'agit souvent de trouver un équilibre entre un confort propice au sommeil et un niveau de vigilance distrayant. Vous pourriez choisir de vous allonger avec des couvertures et des oreillers, mais vous vous endormiriez probablement avant d'aller plus loin. D'un autre côté, vous pourriez faire tourner la climatisation à plein régime, mais trop de froid vous déconcentrerait. Il est préférable d'être à l'aise, mais vigilant. Gardez la pièce froide, ce qui favorise la vigilance, mais pas au point de vous déconcentrer. Utilisez un oreiller si nécessaire, mais ne vous inclinez pas et ne vous allongez pas, car trop de détente entraîne la somnolence.

Kwik insiste également sur la nécessité de trouver des points d'ancrage positifs qui peuvent influencer votre lecture, car ils peuvent renforcer les bonnes images que vous avez de vous-même en tant que lecteur et discréditer les mauvaises que vous avez pu développer en cours de route. La positivité calme vos nerfs et vous détend, ce qui est essentiel à l'assimilation d'informations. Nombre de ces points d'ancrage positifs sont liés à la relaxation et au confort, mais ils contribuent également à maintenir l'attention. Essayez par exemple d'utiliser la lumière naturelle. Vous vous fatiguez les yeux lorsque vous lisez dans une lumière faible ou fluorescente. Éteignez les lumières, installez-vous près d'une fenêtre, ouvrez les rideaux et laissez la lumière du soleil s'installer sur les pages. À défaut, certaines ampoules peuvent imiter la lumière naturelle. Une musique proche d'un rythme cardiaque régulier, environ 60 battements par minute, peut également détendre votre corps et favoriser un état d'apprentissage plus intense. La meilleure méthode de relaxation consiste sans doute à s'asseoir bien droit, en adoptant une bonne posture pour éviter les tensions musculaires, et à respirer longuement et profondément. Essayez d'utiliser la technique de respiration 3-2-4, en inspirant par le nez pendant trois secondes, en retenant votre souffle pendant deux secondes et en expirant pendant quatre secondes. Cette technique permet à votre cerveau d'être bien alimenté et de fonctionner au maximum de ses capacités. De même, le fait de tenir votre livre droit vous évitera de vous pencher en avant et vous permettra de regarder la page en face. Rester hydraté aidera également votre cerveau, car il fonctionne moins bien lorsqu'il est déshydraté. De plus, votre estomac essaiera de vous inciter à manger, alors qu'en réalité, vous avez simplement soif. En gardant de l'eau à portée de main, vous éviterez de vous rendre à la cuisine pour grignoter et vous resterez concentré sur la tâche à accomplir.

Les distinctions entre cerveau droit et cerveau gauche

Le dernier point de Kwik, en ce qui concerne le rythme visuel : utilisez l'ensemble de votre cerveau. Méta-guidez votre lecture avec votre main gauche pour engager votre cerveau droit, équilibrer votre fonction neuronale et enrichir votre expérience de lecture. Toute personne familiarisée avec la science du cerveau gauche par rapport au cerveau droit vous dira que c'est logique. Les enfants, en particulier ceux qui ont reçu un diagnostic de dyslexie, ont du mal à apprendre à lire parce que les méthodes d'enseignement élémentaires s'adressent davantage aux processus du cerveau gauche. Plutôt que d'apprendre à lire un mot en abordant chaque partie et en arrivant au tout, les élèves au cerveau droit font l'inverse. Ils apprennent en voyant le mot dans son ensemble, puis en le disséquant en ses différentes parties. Selon la méthode dite « gloable », cela signifie qu'ils apprennent le mot en se basant sur son apparence plutôt que sur sa sonorité. La phonétique n'est pas d'un grand secours pour ces enfants, puisqu'il s'agit d'identifier des parties de mots qui sont ou qui sonnent de la même façon ou différemment. À plus grande échelle, les processus du cerveau droit s'appuient sur le contexte plutôt que sur la séquence. Les élèves au cerveau gauche lisent généralement chaque mot de manière systématique et ordonnée, développant progressivement une compréhension du passage au fur et à mesure qu'ils assemblent les mots pour construire un sens basé sur chaque mot en tant que partie de l'ensemble. Les enfants au cerveau droit, en revanche, prennent plusieurs mots et phrases avant de les traiter comme un tout, puis recherchent des indices contextuels et développent une image mentale de la signification de chaque mot et de chaque phrase. D'un point de vue plutôt pratique que pédagogique, cela signifie que les exercices progressifs comme la phonétique ennuient les enfants au cerveau droit, car il n'y a pas d'unités plus petites à diviser. Ils préfèrent apprendre à l'aide de livres réels et significatifs. Pour emprunter une analogie, les élèves au cerveau gauche pourraient être plus enclins à vouloir apprendre les mouvements et les techniques exacts de la natation avant même de se mouiller. Les enfants au cerveau droit, en revanche, seraient plus enclins à plonger dans la piscine et à s'intéresser aux détails plus tard.

En sollicitant votre cerveau droit autant, sinon plus, que votre cerveau gauche, vous tirerez parti de votre tendance à lire d'un point de vue global, en examinant l'ensemble de ce que vous lisez afin d'en déterminer le contexte général. Comme un enfant au cerveau droit, il omettra des détails, sautera des mots, passera rapidement sur les mots et ne voudra pas s'arrêter pour les écouter. Après avoir obtenu suffisamment d'informations de la lecture pour se faire une idée globale des messages, des thèmes et des points véhiculés, l'enfant au cerveau droit passe à autre chose, laissant de côté les détails non essentiels et ne perdant pas de temps à s'y attarder. Les processus du cerveau droit impliquent la formation d'indices visuels et tendent à adhérer à la lecture silencieuse, même s'il leur arrive de lire à haute voix pour eux-mêmes, ce qui rend d'autant plus importante la remarque de Kwik sur l'environnement de lecture. Bonne nouvelle, donc, pour les personnes au cerveau droit : vos tendances neuronales peuvent être un facteur déterminant de votre capacité à lire rapidement. Les gauchers n'ont rien à craindre. Bien que nous ayons tendance à classer les gens en deux catégories (cerveau gauche ou cerveau droit), tout le monde a la capacité d'utiliser les deux côtés du cerveau. Le fait que vous privilégiez le côté qui ne fait pas naturellement toutes ces choses ne signifie pas que vous en êtes incapable. Il vous faudra peut-être un peu plus de pratique et de travail, mais vous pourrez, vous aussi, maîtriser l'efficacité de la lecture rapide, car le côté du cerveau vers lequel vous penchez ne détermine pas la limite de vos capacités.

Vous vous demandez alors comment débloquer les capacités de ce cerveau droit magique. Le côté droit du cerveau attend l'arrivée des informations textuelles via le corps calleux, explique David Butler dans son livre *Speed Reading with the Right Brain (La lecture rapide avec le cerveau droit)*. Même si la plupart des écrits sur le fonctionnement du cerveau en général s'adressent au cerveau gauche, le cerveau droit contrôle une compréhension efficace. Pour comprendre ce que cela signifie exactement, les concepts et les images visuelles se forment grâce à l'activité du cerveau droit. Dans l'ensemble, comme le montre l'explication précédente sur la manière dont les enfants apprennent, le cerveau droit examine des images ou des idées dans leur ensemble et déchiffre les schémas et les connexions au sein de l'information. Comprenant un traitement cognitif d'ordre supérieur, le côté droit interprète les informations à des vitesses plus élevées et avec une attention plus holistique à la vue d'ensemble. C'est ce qui explique le monopole du cerveau droit sur l'imagination, l'intuition, la reconnaissance des visages et l'art. Le cerveau droit traite simplement les données plus rapidement et à un volume plus élevé que le cerveau gauche, ce qui signifie que lire avec le cerveau gauche est à peu près aussi utile, comme le note Butler, que de faire passer des informations à travers une paille.

Mais ce n'est pas tout. Une fois que le traitement a eu lieu dans les deux parties du cerveau et entre les parties droite et gauche, le cortex préfrontal prend le relais. C'est là que réside la conscience, qui régule les informations, module les impulsions et coordonne les données provenant des autres parties du cerveau. C'est à cet endroit central que les projets sont formulés, les décisions prises, les erreurs repérées et les habitudes rompues. Plus important encore pour l'exercice de la lecture, la mémoire de travail fonctionne dans le cortex préfrontal. Ce système n'est pas parfait, car les émotions peuvent affecter cette zone du cerveau. La dopamine, le neurotransmetteur qui transmet la joie et le plaisir dans le cerveau, sert d'amorce à l'action et renforce en fait ses signaux d'information, ce que Butler souligne à dessein dans le livre. Des informations répétées, rythmées, structurées et facilement visualisables aident le cortex préfrontal à se souvenir plus facilement des informations.

Pour mobiliser votre cerveau droit, Martha Beck propose donc quelques exercices destinés à réveiller cette partie du cerveau qui est quelque peu négligée dans notre monde hyperrationnel. Tout d'abord, elle recommande de signer son nom de toutes les façons possibles et imaginables. De droite à gauche, à l'endroit et à l'envers, toutes les directions doivent être explorées au mieux. Deuxièmement, ayez une conversation avec deux personnes différentes en écrivant une question avec votre main droite, puis en y répondant avec votre main gauche et avec tout ce qui vous vient à l'esprit, quelle que soit votre main dominante. Votre main non dominante écrira certainement de façon tremblante, mais ne vous inquiétez pas, ce n'est pas la question. Ce qui est important, c'est de remarquer que votre main gauche a sa propre personnalité. Cela peut paraître étrange, et ça l'est en quelque sorte, mais ce qui l'est encore plus, c'est que votre cerveau droit sait des choses que vous ne savez pas que vous savez. Il évalue vos sensations physiques et mentales et propose souvent des solutions.

Apprendre de nouveaux mouvements aidera votre cerveau droit à s'activer puisque les mouvements ne lui sont pas familiers. Vous avez du mal à penser à quelque chose ? Beck prend l'exemple de la marche. Au lieu de balancer les bras à l'opposé des jambes,balance-les du même côté. Essayez différentes variantes, en reculant, en fermant les yeux, tout ce qui vous semble difficile mais réalisable. Ensuite, mettez le paquet et surpassez-vous. Dans ce cas, une fois que vous aurez activé votre cerveau droit, commencez à lire à un rythme effréné, plus rapidement que vous ne l'auriez cru possible auparavant. Dans d'autres applications, vous pouvez essayer de vous attaquer à un problème qui vous tracasse. Au lieu de ruminer ce problème, lorsque votre cerveau droit est activé, lisez plusieurs choses différentes, détendez-vous, faites des tâches ménagères, ou tout autre chose que de ruminer le problème. Cependant, engagez le cerveau droit par intermittence avant de le laisser tomber et de continuer à faire autre chose. Selon Beck, cela provoque des révélations, semblables aux moments d'eurêka. En sollicitant davantage d'idées par le biais d'activités, votre cerveau trouve les premières solutions potentielles qui ne sont peut-être pas bonnes. Encourager le cerveau à produire des solutions permet d'en trouver de plus en plus, en particulier lorsque le cerveau droit prend le relais. L'activation du cerveau droit pour la lecture rapide n'est pas une fin en soi, mais vous permet de déposer davantage d'informations dans cette partie de votre cerveau. Lorsque vous l'activerez à nouveau pour résoudre un problème, les informations obtenues en lecture rapide avec le côté droit de votre cerveau devraient s'y trouver et devenir un facteur important pour accroître l'efficacité de votre lecture rapide.

La lecture basée sur le triage

Abby Marks Beale estime que le choix du texte et des combats à mener est peut-être le facteur le plus important pour l'efficacité de la lecture rapide. Compte tenu du temps limité dont vous disposez, quelles que soient vos prouesses en matière de lecture rapide, vous devez choisir ce que vous avez le temps de lire et ce que vous n'avez pas le temps de lire. Comme dans un service d'urgences, certaines choses, comme une crise cardiaque, ont la priorité sur d'autres, comme une indigestion, pour rester dans l'exemple qu'elle utilise. En d'autres termes, vous devez effectuer un tri sur votre liste de lecture. Dans votre grande pile de livres et d'articles à lire, vous avez quelques crises cardiaques et quelques cas d'indigestion. L'identification des crises cardiaques vous permet d'avancer dans votre lecture, contrairement aux cas d'indigestion. Cela ne veut pas dire qu'il ne faut pas lire les livres qui ne sont pas importants. Les cas d'indigestion doivent également être résolus. Ils sont simplement moins prioritaires.

John R. Torrance

Définition de l'objectif

Non seulement vous devez avoir une idée précise de la lecture qui est la plus importante, mais Beale vous recommande également de savoir exactement ce que vous voulez tirer de la lecture en ayant à portée de main des questions qui comprendront votre objectif de lecture. Ces questions guideront votre lecture et vous inciteront à y participer activement en cherchant les réponses. Elle appelle cela la définition de l'objectif et écrit 8 à 10 questions sur une fiche ou un carnet avant d'ouvrir le livre. Elle va encore plus loin en affirmant que la lecture seule ne suffit pas. Selon elle, il faut appliquer ce que l'on lit pour mieux le retenir. Mon professeur d'anglais au lycée nous donnait le mot du jour avant chaque cours. Chaque jour, sans exception, elle nous disait que nous devions l'utiliser trois fois avant de nous l'approprier et de pouvoir l'utiliser pour nous-mêmes. De même, la connaissance sans l'application ne vous mène pas loin. Pour tirer pleinement parti de vos lectures, vous devez les manifester dans le monde réel d'une manière ou d'une autre. Beale propose un test décisif : être capable d'ajouter trois tâches à sa liste de choses à faire ou de projets qui reflètent ce que l'on a appris de la lecture. La révision de la liste pour réfléchir à la manière dont vous avez adapté la lecture à votre vie doit faire le lien avec l'étape de définition de l'objectif et démontrer une nouvelle compétence ou un nouvel élément de connaissance.

L'évaluation de vos progrès, que ce soit de manière abstraite comme le fait Beale, ou dans le cadre d'un processus plus tangible comme le projet PX, une expérience cognitive unique d'une durée de trois heures, est nécessaire à votre expérience globale. Si vous ne savez pas où vous aboutissez, vous ne comprenez pas vraiment votre progression, qui peut se traduire par une augmentation de la vitesse de lecture allant jusqu'à 386 %, comme dans le cas de Tim Ferriss. Les résultats du projet PX sont stupéfiants, presque trop beaux pour être vrais. Pour démontrer l'efficacité du projet, il a été réalisé avec des locuteurs de cinq langues différentes et des dyslexiques. Chacun d'entre eux a été soumis à un conditionnement qui a permis d'atteindre une vitesse de lecture de documents hautement techniques de 3 000 mots par minute, soit 10 pages par minute, 1 page toutes les six secondes. Le projet PX fonde ses méthodes sur une compréhension de base du système visuel humain, éliminant les inefficacités tout en augmentant la vitesse, sans le coût de la rétention. Dans un article paru dans le Huffington Post, Ferriss présente le mécanisme du projet sous la forme d'une série d'exercices. Les domaines ciblés, la minimisation des fixations, l'élimination de la régression et du retour en arrière, l'utilisation d'exercices de conditionnement pour maximiser l'étendue de la vision périphérique horizontale et les mots que vous enregistrez dans chaque fixation, vous seront familiers grâce aux pages précédentes de ce livre.

La première technique consiste à lire deux lignes en une seconde avec l'aide d'une règle, sans tenir compte de la compréhension, au fil de la page. La deuxième technique élargit votre perception en commençant par un mot à partir du premier mot de chaque ligne et en terminant par un mot à partir du dernier, toujours sans tenir compte de la compréhension. Ferriss invite le lecteur à répéter cette tâche deux fois de plus, une fois en utilisant le deuxième mot au début et à la fin de chaque ligne, et l'autre en utilisant le troisième mot à la fin de chaque ligne, une fois de plus sans tenir compte de la compréhension. Il demande ensuite au lecteur de calculer sa vitesse de lecture en nouveaux mots par minute. Il précise que même si vous pouvez lire jusqu'à trois fois plus vite que précédemment, vous ne devez pas utiliser cette capacité pour lire trois choses. Au lieu de cela, lisez la même chose trois fois et améliorez votre compréhension.

Wade Cutler promet de *tripler votre vitesse de lecture* dans son livre ainsi nommé, consacrant les trente premières pages environ à vos compétences actuelles en matière de lecture et aux obstacles qui vous empêchent d'atteindre des vitesses de lecture plus élevées. Il identifie un grand nombre de points communs avec ce livre : le fait de ne pas parvenir à prévisualiser le contenu devant soi, les mouvements oculaires et les régressions inutiles, une mauvaise vision, la vocalisation et la subvocalisation. La vocalisation générale n'est pas un sujet dont nous avons beaucoup parlé, mais elle comprend les mouvements des lèvres, de la langue, de la mâchoire, de la pomme d'Adam et du diaphragme, diverses manifestations inaudibles au moment de la lecture. Il ajoute d'autres faiblesses diverses, telles que le pointage/marquage, le repérage manuel et la lenteur à tourner les pages. Si Cutler consacre beaucoup de temps aux obstacles à la lecture rapide, il propose tout autant d'exercices pour augmenter votre vitesse de lecture. En suivant le milieu de trois colonnes de lettres tout en lisant de gauche à droite, puis des variations progressivement plus compliquées, il suit des théories similaires à celles de Cole et Frank sur l'augmentation de l'amplitude oculaire. Il élargit la gamme des lettres et les mélange en groupes de trois et quatre. Les colonnes peuvent aller jusqu'à sept, tandis que les colonnes intérieures deviennent de plus en plus compliquées. Il propose ensuite au lecteur des exercices sur le même modèle pour apprendre à lire en rythme et en bloc. En passant à une colonne fine de type journal, Cutler propose une application plus pratique des compétences. L'objectif est d'obtenir une fixation par ligne. Il augmente ensuite la difficulté à une fixation par deux lignes.

Dans la partie suivante du livre, Cutler présente ce qu'il appelle la méthode des deux arrêts, qui ressemble à un S ou à un Z. En répétant la tendance à l'élargissement des colonnes, il fait d'abord rebondir les yeux entre deux colonnes larges. Ils se rapprochent lentement au fur et à mesure que les colonnes s'élargissent. La modulation qui s'ensuit a pour but d'exercer vos yeux et de les aider à suivre de manière cohérente les différentes colonnes. Elle ressemble beaucoup à la méthode Eye-Hop mise au point par Ron Cole. En guise de test, Cutler fournit des extraits de lectures pour illustrer son propos, afin que vous puissiez appliquer instantanément vos nouvelles compétences et les tester pour voir si vous les avez bien assimilées. Il ajoute un poème d'Edgar Allan Poe, le célèbre *La Barrique d'amontillado* un chapitre de *L'île au trésor* et de *L'étrange cas du Dr Jekyll et de Mr Hyde* de Robert Louis Stevenson et un autre de *La machine à explorer le temps de H. G. Wells*, . Chaque chapitre est plus ou moins long et plus ou moins difficile, et les tests imitent les interrogations de compréhension de lecture d'une classe de lycée. Il attribue des caractéristiques de longueur de livre pour donner au lecteur une liste à suivre et d'autres tests pour déterminer leur capacité de lecture.

Résumé du chapitre

♦ Pour suivre la création accélérée d'informations, la lecture peut être votre arme dans la course aux armements de la connaissance, et le fait d'avoir lu jusqu'ici vous a permis de faire un pas de plus. Voici six autres conseils pour améliorer votre vitesse de lecture.

♦ Mesurez votre tâche avant de vous y atteler. Ne vous lancez pas à l'aveuglette. Examinez attentivement le texte que vous allez lire et prenez des notes mentales sur ce qui vous attend.

♦ Posez des questions pendant votre lecture. Il y a de fortes chances que l'auteur ait voulu éveiller votre curiosité afin de pouvoir la satisfaire plus tard dans le texte. De plus, cela vous aidera à suivre les grandes idées et à peut-être vous poser des questions qui vous inciteront à poursuivre votre lecture.

♦ Diminuer la subvocalisation. Votre vitesse de lecture est beaucoup plus rapide que votre vitesse d'élocution. Lorsque vous prononcez les mots, même de manière cognitive, vous limitez votre potentiel. Faire taire cette voix peut augmenter votre vitesse de lecture. Ne vous préoccupez pas de la compréhension, car à ce stade, vous utilisez d'autres tactiques pour compenser ce que vous perdez.

♦ Lisez des groupes de mots. Divisez chaque page en trois ou quatre colonnes à l'aide d'un crayon et entraînez-vous à les parcourir dans l'ordre séquentiel, ligne par ligne. N'utilisez pas cette méthode sur un livre que vous ne pouvez pas annoter.

♦ Interrogez-vous au fur et à mesure pour garder la mémoire fraîche. Posez des questions et faites des liens avec autant de points de la lecture que possible.

♦ Sur ce thème, créez au fur et à mesure. Référez-vous à des lectures connexes et développez de nouvelles associations que votre cerveau pourra suivre. La connaissance n'est pas seulement absorbée, elle est créée. La lecture active facilite ce processus.

♦ Prenez des notes à la main. Des études montrent que cette méthode favorise la rétention de la mémoire bien plus que le fait de taper sur un clavier. Si vous êtes encore sceptique, pensez aux innombrables personnes qui écrivaient à la main avant l'invention de l'ordinateur ou de la machine à écrire. Vous trouverez des gens très intelligents.

♦ Dans son livre *How to Fly with Your Hands*, Evelyn Wood a publié en 1959 l'un des premiers guides de lecture rapide en faisant des mouvements de main intéressants. Elle les a conçus pour déplacer l'œil et le suivre sur la page de différentes manières. L'objectif est le même que celui du méta-guidage, à savoir rythmer le regard sur la page et uniformiser la vitesse de lecture.

♦ Essayez de placer une fiche bristol sur la page comme méta-guide. Une méthode acceptable consiste à placer la fiche sous la ligne que vous êtes en train de lire, mais veillez à ne pas revenir sur les informations que vous venez de lire au-dessus de cette ligne. Une tactique plus efficace consisterait à placer la fiche bristol sur la ligne au-dessus de celle que vous essayez de lire, afin de réduire considérablement, voire d'éliminer, les régressions. De plus, cela obligera vos yeux à continuer à avancer vers le bas de la page, ce qui augmentera vos progrès par rapport au placement alternatif. Le seul hic, c'est que la fiche bristol ne fonctionne pas bien avec un écran d'ordinateur, car vous devez la tenir avec votre bras tendu. Cela peut vous fatiguer rapidement, mais ce n'est pas grave, car lire sur du papier plutôt que sur un écran vous évite de perdre 25 % de votre vitesse.

♦ Jim Kwik, que j'ai mentionné plus tôt dans le chapitre 5, a quelques informations intéressantes qui vont au-delà de l'acte de lecture. L'environnement dans lequel vous lisez affecte votre lecture autant que n'importe quoi d'autre. Il en va de même de votre posture et d'un élément aussi fondamental que la façon dont vous tenez le livre. Le fait de rester hydraté a également un effet. Le point le plus perspicace est peut-être la manière dont il suggère d'utiliser votre cerveau, c'est-à-dire de le solliciter pleinement. La lecture est souvent associée au cerveau gauche en raison de la logique sur laquelle elle repose. Cependant, en analysant la manière dont les enfants au cerveau droit apprennent, et plus particulièrement apprennent à lire, on constate que les mêmes choses que vous cherchez à faire pour la lecture rapide apparaissent. Se concentrer sur l'image conceptuelle globale, omettre des détails mineurs, sauter des mots et, surtout, passer à autre chose en laissant de côté les détails inessentiels, voilà qui ressemble aux meilleures pratiques de la lecture rapide.

♦ Mobilisez votre cerveau droit lorsque vous lisez. Kwik suggère d'utiliser la main gauche pour méta-guider, ce qui peut être une méthode efficace pour réveiller ce côté du cerveau. Cependant, vous pouvez faire un effort encore plus important pour activer votre cerveau gauche en signant votre nom de toutes les manières possibles, en ayant des conversations avec deux personnes à la fois, en apprenant de nouveaux mouvements, puis en vous surpassant et en mettant le paquet, comme le conseille Martha Beck. L'activation du cerveau droit n'accélérera pas nécessairement votre lecture. C'est un choix plus conscient que vous faites. Le sous-produit, cependant, se révélera être une meilleure compréhension de ce que vous lisez rapidement, puisque les activités de lecture rapide s'alignent sur celles du cerveau droit, comme nous l'avons mentionné précédemment.

♦ Abby Marks Beale vous encourage à choisir vos batailles et à donner la priorité aux lectures les plus importantes que vous voulez faire, un peu comme un service d'urgences traite d'abord les cas les plus importants. Elle recommande de se poser 8 à 10 questions avant de lire, afin de se fixer un objectif et de se guider vers le but à atteindre en lisant ce que vous avez sous les yeux. Ensuite, utilisez réellement ce que vous avez appris en lisant, car l'application stimule considérablement la rétention. Comme mon professeur d'anglais avait l'habitude de le dire, utilisez-le trois fois et vous vous l'approprierez. Elle se référait aux mots du jour, mais le principe reste le même. Mme Beale ajoute trois tâches à sa liste de choses à faire ou de projets qui reflètent ses lectures. En examinant la liste, vous réfléchissez à ce que vous avez ajouté à votre vie en lisant ce texte.

♦ Tim Ferriss proclame les bienfaits du projet PX, se vantant d'une augmentation de 386 % de sa vitesse de lecture après une leçon de trois heures. En incorporant le méta-guidage, l'expansion de la perception visuelle et le regroupement des mots, il propose des techniques qui, lorsqu'elles sont répétées suffisamment souvent, entraînent des augmentations stupéfiantes de la vitesse de lecture. Grâce à une compréhension approfondie du système visuel humain, le projet PX élimine les inefficacités afin d'augmenter la vitesse et de maintenir la rétention.

♦ Wade Cutler prétend pouvoir tripler votre vitesse de lecture grâce à une série de techniques qui ressemblent aux colonnes proposées par Steven Frank dans son livre. Cependant, Cutler les fait varier en fonction de la largeur, du nombre de lettres et de la difficulté, allant de trois colonnes de lettres simples à des passages de romans. En consacrant beaucoup de temps à l'élimination des obstacles à la lecture rapide, Cutler aborde un domaine qu'aucun autre expert n'aborde : la vocalisation. Similaire en principe à la subvocalisation, elle implique des tics ou des habitudes que les lecteurs ont et qui imitent la parole. Il identifie les mouvements des lèvres, de la langue, de la mâchoire, de la pomme d'Adam et même du diaphragme. Ces mouvements ont le même effet que la subvocalisation et ralentissent la lecture dans certaines circonstances.

CONCLUSION

F aites une pause. Repensez à l'état d'esprit dans lequel vous vous trouviez lorsque vous avez ouvert ce livre. Vous avez fait beaucoup de progrès. Il est fort possible que vous ayez commencé ce voyage vers les prouesses de la lecture rapide avec une vague idée de ce qu'elle impliquait. Après avoir lu, vous avez pris connaissance des avantages que la lecture rapide peut vous apporter. L'éventail est très large, allant de la simple capacité à assimiler davantage d'informations à l'amélioration de la confiance en soi, en passant par l'avancement professionnel ou l'amélioration des pratiques de méditation, que vous le sachiez ou non. Je vous ai donné un aperçu préliminaire de ce que vous pouvez attendre de ce livre et des bénéfices que vous pourrez en tirer à ce stade, ici, à la fin. Vous êtes le seul à savoir ce qu'il en est. J'espère que vous êtes resté impliqué, que vous avez appliqué les techniques et que vous avez suivi vos progrès. Au début, vous avez peut-être entretenu certains mythes sur la lecture rapide, que nous avons immédiatement réfutés dans le deuxième chapitre. Ces mythes étaient les suivants : vous pouvez lire 10 000 mots par minute, la subvocalisation vous empêche de lire plus vite (c'est le cas, mais vous ne devez pas vous soucier de l'éliminer avant d'avoir atteint un stade d'apprentissage avancé), et vous vous entraînez automatiquement à lire plus vite lorsque vous lisez normalement.

Je vous ai encouragé à accepter votre capacité de lecture, quelle qu'elle soit, avant de vous plonger dans ce livre. La compréhension et l'évaluation de soi permettent d'analyser les points à améliorer et les domaines sur lesquels il faut se concentrer. Être honnête avec soi-même peut être un défi, tout comme la lecture, d'autant plus qu'il ne s'agit pas d'un paramètre par défaut de la condition humaine. Sur cette base abstraite, le chapitre quatre vous en a donné une plus concrète en calculant votre vitesse de lecture. Il vous a également fourni un point de repère en indiquant les vitesses pour différents niveaux de lecture.

Le chapitre cinq a entamé le processus de transformation qui fera de vous un lecteur rapide. Il vous a donné toutes sortes de techniques à essayer lorsque vous pratiquez votre lecture rapide, de la fixation d'un objectif, jusqu'à l'écrémage, la réduction de la subvocalisation, la lecture de groupes de mots, le méta-guidage, la visualisation rapide en série, l'évitement de la régression et la limitation des fixations. Il se peut qu'à l'origine, ces méthodes aient considérablement augmenté votre vitesse de lecture, mais vous avez peut-être constaté une baisse de la compréhension.

Le chapitre six a remédié à cette situation en vous donnant des solutions pour remédier à une baisse de la rétention. Il s'agit notamment de la visualisation, de la suppression de certains mots et de certaines phrases parce qu'ils sont trop compliqués, de l'enrichissement du vocabulaire et du jeu du rappel.

Ces conseils et astuces ne suffisent cependant pas, comme l'explique le chapitre sept. L'un des meilleurs moyens d'améliorer sa lecture est de la pratiquer davantage. La seule réserve est qu'il faut lire en pleine conscience. Les livres faciles à lire constituent un bon point de départ, car l'hypothèse de l'*input* développée par Stephen Krashen suggère que les textes dont les mots ne dépassent pas un seuil de connaissance de 95 % rendent encore plus difficile l'engagement de poursuivre la lecture. Ce chapitre a présenté quelques méthodes utiles pour mettre en place une routine de lecture, comme se concentrer sur les éléments constitutifs de l'habitude, faciliter le démarrage, lire des livres parce qu'ils vous plaisent, garder vos options ouvertes en changeant de livre et passer à des livres plus difficiles en élargissant d'abord vos bases par la recherche.

Le suivi de vos lectures est peut-être le plus important, surtout si vous avez besoin d'un renforcement positif pour conserver votre habitude. Il existe de nombreuses façons de procéder, la première étant de chronométrer régulièrement vos lectures afin de vérifier où vous en êtes. Un bon vieux journal de lecture dans un agenda ou un carnet de notes ne manquera jamais de vous maintenir sur la bonne voie, à condition que vous ne vous en écartiez pas. À l'ère du numérique, de plus en plus de fonctionnalités peuvent être transférées en ligne, où Babelio, Google Spreadsheets, Trello et Pinterest peuvent documenter vos lectures, vous mettre en relation avec d'autres lecteurs ou vous exposer à davantage de contenu. En cas de doute, pour compléter ou remplacer l'un de ces outils, une véritable pile de livres peut constituer une liste de lecture adéquate, surtout si vous aimez jongler avec plusieurs livres et en garder un ou deux à portée de main.

La meilleure façon d'y parvenir, et une tactique que de nombreuses personnes utilisent probablement déjà, est d'écrémer et de repérer votre lecture tout en retenant les informations importantes. Il est important de dissiper les idées fausses. L'écrémage et le repérage ne consistent pas à jeter un coup d'œil rapide sur les pages et à les tourner, en espérant que l'information s'écoule facilement et sans effort. Il existe un compromis inhérent entre la vitesse et la rétention, mais l'écrémage et le repérage en tiennent compte. Il ne s'agit pas d'une solution temporaire, ni d'une atteinte au ton de l'auteur ou d'un manque de respect à l'égard du choix minutieux des mots. Au contraire, ces méthodes requièrent une approche dédiée et attentive à toute lecture. On commence par quelque chose de simple, en sachant ce que l'on veut en tirer, par le biais d'une pré-lecture ou de sa propre évaluation. Ensuite, vous lisez verticalement autant, sinon plus, qu'horizontalement, tout en vous mettant à la place de l'auteur pour comprendre les stratégies et les raisons qui sous-tendent le texte. Soyez sélectif dans ce que vous choisissez de lire, par exemple, lisez la première phrase d'un paragraphe, mais pas nécessairement toutes les phrases complètes ou tous les exemples.

Enfin, le chapitre dix devrait vous avoir laissé des méthodes plus avancées pour la lecture rapide. Pour garder une longueur d'avance dans un monde numérique compétitif, il faut évaluer ses tâches, poser des questions, réduire la subvocalisation, lire des groupes de mots, se tester, appliquer sa lecture en créant des connaissances après avoir lu, et prendre des notes à la main et non avec un ordinateur. L'une des principales stratégies énumérées dans ce chapitre, et non mentionnée dans le chapitre cinq, consiste à faire appel à votre cerveau droit, ce qui peut potentiellement améliorer votre compréhension. Cette stratégie permet à l'information d'être traitée par les deux côtés du cerveau. Le côté gauche contribue aux fonctions logiques et facilite vos efforts pour déposer les connaissances dans votre mémoire à long terme. Le côté droit du cerveau traite les informations à un rythme nettement plus rapide. Il est donc judicieux et efficace de lui transmettre autant d'informations que possible, en particulier lorsque vous lisez pour gagner en rapidité. Des témoignages d'experts étayent ce chapitre et vous présentent des méthodes uniques et constructives, qui s'appuient sur certaines des méthodes présentées plus haut dans le chapitre ou qui refont surface depuis le chapitre cinq.

Comme vous l'avez peut-être remarqué, ces conseils se renforcent les uns les autres. Certaines techniques simples introduites dans l'exposé du livre reviennent plus tard sous des formes différentes et plus compliquées. Ne les confondez pas, par exemple, le méta-guidage à l'aide d'un stylo est différent du méta-guidage à l'aide d'une fiche bristol, qui est différent de l'utilisation de la main gauche, ou de l'utilisation des mouvements de main en apparence ridicules, comme le suggère

Evelyn Wood. Si vous utilisez ces conseils conjointement, vous lirez plus vite et retiendrez plus de choses sans essayer activement de le faire (bien que ce ne soit pas le sujet, vous devriez certainement essayer activement d'améliorer votre rythme de lecture). Je ne peux pas vous garantir que vous serez capable, comme par magie, de lire n'importe quel ouvrage à un rythme de 1 500 mots par minute. Ce n'est pas en claquant des doigts que l'on se retrouve le lendemain matin à se lever, à prendre un livre et à le lire comme le ferait un super-héros. Nous avons déjà dissipé ces idées fantaisistes. C'est à vous de prendre en charge votre propre lecture et d'intégrer les méthodes, techniques, conseils et astuces que je vous ai proposés de la manière qui vous convient le mieux. Considérez ces solutions à votre problème, tel un manuel d'instruction pour votre projet, si vous voulez. Mais il s'agit d'un projet à réaliser soi-même, et je ne peux pas le faire à votre place. Développez vos propres routines, rituels, habitudes ou tendances. Quoi qu'il en soit, prenez note de chacun de ces conseils et astuces, et progressez jusqu'à la lecture de 1 500 mots par minute. Vous avez les outils et les instructions. Maintenant, construisez votre chemin jusqu'à cet objectif. Vous avez toute ma confiance.

RESSOURCES

Beck, M. (s.d.). Creativity Boost : How to Tap into Right-Brain Thinking. [Stimulation de la créativité : comment exploiter la pensée cérébrale droite]. Consulté le 23 décembre 2019 sur https://www.oprah.com/spirit/how-to-tap-into-the-right-side-of-your-brain-martha-beck-advice/all

Booth, A. (2014). 10 Reasons Why You Should Learn Speed Reading. [10 raisons pour lesquelles vous devriez apprendre la lecture rapide]. Consulté le 22 décembre 2019 sur https://www.lifehack.org/articles/lifestyle/10-reasons-why-you-should-learn-speed-reading.html

Burke, S. (2014). The Spritz app lets you read at 1,000 wpm - but at what cost? [L'application Spritz vous permet de lire à 1 000 wpm - mais à quel prix ?] Consulté le 22 décembre 2019 sur https://money.cnn.com/2014/03/13/technology/innovation/spritz/

Butler, D. (2017). Speed Reading with the Right Brain: Learn to Read Ideas Instead of Just Words. [La lecture rapide avec le cerveau droit : apprendre à lire des idées plutôt que des mots]. CreateSpace Independent Publishing Platform.

Capuano, R. (2019). Right-Brained Reading. [Lire avec le cerveau droit]. Consulté le 23 décembre 2019 sur https://www.thehomeschoolmom.com/right-brained-reading/

Cole, R. (2012). SuperReading for Success: The Groundbreaking, Brain-Based Program to Improve Your Speed, Enhance Your Memory, and Increase Your Success.

[La super lecture pour le succès : le programme révolutionnaire basé sur le cerveau pour améliorer votre vitesse, renforcer votre mémoire et augmenter votre succès.]. New York: Penguin Publishing Group.

Cutler, W. E. (1993). Triple Your Reading Speed. [Triplez votre vitesse de lecture]. New York : Prentice Hall.

de Bruijn, O. et Spence, R. (2000). Rapid Serial Visual Presentation: A space-time trade-off in information presentation. [La présentation visuelle en série rapide : Un compromis espace-temps dans la présentation de l'information]. Consulté sur https://www.researchgate. net/profile/Oscar_Bruijn2/publication/220944929_ Rapid_Serial_Visual_Presentation_A_space-timed_ trade-off_in_information_presentation/links/09e-415112db90c75ed000000.pdf

DeRusha, B. (2019). 10 Speed Reading Apps to Help You Tackle Your TBR. [10 applications de lecture rapide pour vous aider à vous attaquer à votre liste de lecture]. Consulté le 22 décembre 2019 sur https://bookriot. com/2018/10/19/best-speed-reading-apps/

Doubek, J. (2016). Attention, Students: Put Your Laptops Away. [À l'attention des étudiants : rangez vos ordinateurs portables]. Consulté le 23 décembre 2019 sur https:// choice.npr.org/index.html?origin=https://www.npr. org/2016/04/17/474525392/attention-students-put-your-laptops-away

Duggan, G. et Payne, S. (2009). Text skimming: The process and effectiveness of foraging through text under time pressure. [L'écrémage de texte : le processus et l'efficacité de la recherche de texte sous la pression du temps].

Journal of Experimental Psychology : Applied, 15(3), 228-242. Consulté sur https://doi.org/10.1037/a0016995

Ferriss, T. (2014). How I Learned to Read 300 Percent Faster in 20 Minutes. [Comment j'ai appris à lire 300 % plus vite en 20 minutes]. Consulté le 23 décembre 2019 sur https://www.huffpost.com/entry/speed-reading_b_5317784

Frank, S. (1998). Backpack Series-Speed Reading Secrets (The Backpack Study Series). Holbrook, Massachusetts : Adams Media.

Frank, S. D. (1994). The Evelyn Wood Seven-Day Speed Reading and Learning Program. [Le programme de lecture rapide et d'apprentissage en sept jours d'Evelyn Wood]. Fall River, MA : Fall River Press.

Grothaus, M. (2018). How to train yourself to become a speed reader. [Comment s'entraîner à devenir un lecteur rapide]. Consulté le 22 décembre 2019 sur https://www.fastcompany.com/40574769/how-to-train-yourself-to-become-a-speed-reader

Halton, M. (2019). A speed reader shares 3 tricks to help anyone read faster. [Un lecteur rapide partage 3 astuces pour aider n'importe qui à lire plus vite]. Consulté le 22 décembre 2019 sur https://ideas.ted.com/a-speed-reader-shares-3-tricks-to-help-anyone-read-faster/

Hammond, B. (2018). What is the Strengths Perspective? Speed Reading Study Explained Better Than Ever. [Qu'est-ce que la perspective des forces ? L'étude de la lecture rapide expliquée mieux que jamais]. Consulté le 1er janvier 2020 sur https://www.isogostrong.com/strengthsfinder-speed-reading/

Harari, Y. N. (2015). Sapiens : une brève histoire de l'humanité. New York : Harper.

Harry, J. (2018). 5 Things Holding Your Reading Speed Back. [5 choses qui freinent votre vitesse de lecture]. Consulté le 22 décembre 2019 sur https://medium.com/@studyfast/5-things-holding-your-reading-speed-back-aac-6405fc5c0.

Kaufman, J. (n.d.). 10 Days to Faster Reading - Abby Marks-Beale. [10 jours pour une lecture plus rapide - Abby Marks-Beale]. Consulté le 22 décembre 2019 sur https://joshkaufman.net/10-days-to-faster-reading/

Kraushaar, J. et Novak, D. (2010). Examining the Affects of Student Multitasking with Laptops during the Lecture. [Examiner les effets du multitasking des étudiants avec des ordinateurs portables pendant les cours]. Journal of Information Systems Education, 21(2), 241-251. Consulté sur https://eric.ed.gov/?id=EJ893903

Kump, P. (1998). Breakthrough Rapid Reading (éd. révisée). New York : Prentice Hall Press.

Kwik, J. (n.d.). Kwik Brain 007: How to Read Faster. [Kwik Brain 007 : Comment lire plus vite]. Consulté le 22 décembre 2019 sur https://jimkwik.com/kwik-brain-007/

Kwik, J. (2017). 10 Tricks for Speed-Reading (That Will Save You So Much Time). [10 astuces pour lire vite (qui vous feront gagner beaucoup de temps)]. Consulté le 22 décembre 2019 sur https://www.alive.com/lifestyle/speed-read-like-a-boss/

Larsen, L. (n.d.). Does Speed Reading Improve College Student's Retention Level and Comprehension? [La lecture rapide améliore-t-elle le niveau de rétention et de compréhension des étudiants ?]. Consulté sur http://leannlarsen.com/Portfolio/Speed%20Reading%20Research.pdf

Macalister, J. (2010). Speed reading courses and their effect on reading authentic texts: A preliminary investigation. [Les cours de lecture rapide et leur effet sur la lecture de textes authentiques : une étude préliminaire]. Reading in a Foreign Language, 22(1), 104-116. Consulté sur http://nflrc.lll.hawaii.edu/rfl/April2010/articles/macalister.pdf

May, C. (2014). A Learning Secret: Don't Take Notes with a Laptop. [Un secret d'apprentissage : ne prenez pas de notes avec un ordinateur portable]. Consulté le 23 décembre 2019 sur https://www.scientificamerican.com/article/a-learning-secret-don-t-take-notes-with-a-laptop/

Montgomery, C. (2018). How to Improve Reading Comprehension: 8 Expert Tips. [Comment améliorer la compréhension de la lecture : 8 conseils d'experts]. Consulté le 22 décembre 2019 sur https://blog.prepscholar.com/how-to-improve-reading-comprehension

Nation, P. (2005). Reading Faster. [Lire plus vite]. PASAA, 36, 21-37.

National Research Council [Conseil national de la recherche]. (2012). Improving Adult Literacy Instruction: Developing Reading and Writing. [Améliorer l'enseignement de l'alphabétisation des adultes : développer la lecture et l'écriture]. Consulté sur https://doi.org/10.17226/13468

Nelson, B. (2012). Do You Read Fast Enough To Be Successful? [Lisez-vous assez vite pour réussir ?] Consulté le 1er janvier 2020 sur https://www.forbes.com/sites/

brettnelson/2012/06/04/do-you-read-fast-enough-to-be-successful/#2db68dab462e

Olson, S. (2015). The Science of Speed Reading; Benefits And Consequences Of Reading 1,000 Pages In 10 Hours. [La science de la lecture rapide ; les avantages et les conséquences de la lecture de 1 000 pages en 10 heures]. Consulté le 22 décembre 2019 sur https://www.medicaldaily.com/science-speed-reading-benefits-and-consequences-reading-1000-pages-10-hours-316828

Peterson, D. (2019). How to Read Faster and Have More Study Time. [Comment lire plus vite et avoir plus de temps pour étudier]. Consulté le 23 décembre 2019 sur https://www.thoughtco.com/how-to-read-faster-31624

Rayner, K., Schotter, E. R., Masson, M. E. J., Potter, M. C. et Treiman, R. (2016). So Much to Read, So Little Time. [Tant de choses à lire, si peu de temps]. Psychological Science in the Public Interest, 17(1), 4-34. Consulté sur https://doi.org/10.1177/1529100615623267

Rodrigues, J. (2019). 5 Reasons Why Speed Reading Is Good For Your Brain. [5 raisons pour lesquelles la lecture rapide est bonne pour votre cerveau]. Consulté le 23 décembre 2019 sur https://www.irisreading.com/5-reasons-why-speed-reading-is-good-for-your-brain/

Scott, S. J. (2019). How to Read Faster: 9 Steps to Increase Your Speed in 2020. [Comment lire plus vite : 9 étapes pour augmenter votre vitesse en 2020]. Consulté le 22 décembre 2019 sur https://www.developgoodhabits.com/how-to-read-faster/

Super-Speed Reading. (n.d.). Consulté le 10 décembre 2019 sur https://tvtropes.org/pmwiki/pmwiki.php/Main/SuperSpeedReading

The Mind Tools Content Team. (n.d.). Speed Reading – How to Absorb Information Quickly and Effectively. [La lecture rapide - comment absorber l'information rapidement et efficacement]. Consulté le 22 décembre 2019 sur https://www.mindtools.com/speedrd.html

Thielen, J., Grochowski, P., Perpich, D. et Samuel, S. (2016). Speed Reading and Reading Retention Workshop - Poster and Active Learning Exercises. [Atelier sur la lecture rapide et la rétention de la lecture - poster et exercices d'apprentissage actif]. Ann Arbor, MI : Bibliothèque de l'Université du Michigan.

Trafton, A. (2014). In the blink of an eye. [En un clin d'œil]. MIT News. Consulté sur http://news.mit.edu/2014/in-the-blink-of-an-eye-0116

Ways, M. (2019). Reading Comprehension Strategies. [Stratégies de compréhension de la lecture]. Consulté le 22 décembre 2019 sur https://www.speedreadinglounge.com/reading-comprehension-strategies

Ways, M. (2019). Skimming and Scanning – 4 Strategies. [Écrémage et repérage - 4 stratégies]. Consulté le 22 décembre 2019 sur https://www.speedreadinglounge.com/skimming-and-scanning

Young, S. (2019). I Was Wrong About Speed Reading: Here are the Facts. [Je me suis trompé sur la lecture rapide : voici les faits]. Consulté le 22 décembre 2019 sur https://www.scotthyoung.com/blog/2015/01/19/speed-reading-redo/